essentials

essentials liefern aktuelles Wissen in konzentrierter Form. Die Essenz dessen, worauf es als „State-of-the-Art" in der gegenwärtigen Fachdiskussion oder in der Praxis ankommt. *essentials* informieren schnell, unkompliziert und verständlich

- als Einführung in ein aktuelles Thema aus Ihrem Fachgebiet
- als Einstieg in ein für Sie noch unbekanntes Themenfeld
- als Einblick, um zum Thema mitreden zu können

Die Bücher in elektronischer und gedruckter Form bringen das Expertenwissen von Springer-Fachautoren kompakt zur Darstellung. Sie sind besonders für die Nutzung als eBook auf Tablet-PCs, eBook-Readern und Smartphones geeignet. *essentials:* Wissensbausteine aus den Wirtschafts-, Sozial- und Geisteswissenschaften, aus Technik und Naturwissenschaften sowie aus Medizin, Psychologie und Gesundheitsberufen. Von renommierten Autoren aller Springer-Verlagsmarken.

Weitere Bände in dieser Reihe http://www.springer.com/series/13088

Marcel Schütz · Finn-Rasmus Bull

Unverstandene Union

Eine organisationswissenschaftliche
Analyse der EU

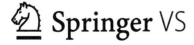 Springer VS

Marcel Schütz
Universität Oldenburg
Oldenburg, Deutschland

Finn-Rasmus Bull
Universität Bielefeld
Bielefeld, Deutschland

ISSN 2197-6708   ISSN 2197-6716   (electronic)
essentials
ISBN 978-3-658-17148-3   ISBN 978-3-658-17149-0   (eBook)
DOI 10.1007/978-3-658-17149-0

Die Deutsche Nationalbibliothek verzeichnet diese Publikation in der Deutschen Nationalbiblio-
grafie; detaillierte bibliografische Daten sind im Internet über http://dnb.d-nb.de abrufbar.

Springer VS
© Springer Fachmedien Wiesbaden GmbH 2017

Gedruckt auf säurefreiem und chlorfrei gebleichtem Papier

Springer VS ist Teil von Springer Nature
Die eingetragene Gesellschaft ist Springer Fachmedien Wiesbaden GmbH
Die Anschrift der Gesellschaft ist: Abraham-Lincoln-Str. 46, 65189 Wiesbaden, Germany

Was Sie in diesem *essential* finden können

- Hintergrundwissen zum Thema „Brexit" und zur Reform der EU.
- Systematische organisationswissenschaftliche Analyse der EU.
- Präzise Darstellung der spezifischen Merkmale der EU als einer Metaorganisation.
- Innovative Beschreibung auf Basis der Systemtheorie und internationaler Organisationsforschung.

Der Inhalt

Marcel Schütz und Finn-Rasmus Bull präsentieren eine organisationswissen-schaftliche Analyse der Europäischen Union. Oft als politisches Bündnis oder Projekt umschrieben, zeigen die Autoren, welche Erkenntnisse über die besonde-ren Organisationsmerkmale der EU zu gewinnen sind. Hierzu bedienen sie sich eines bewährten Strukturansatzes aus der Systemtheorie Niklas Luhmanns und verbinden diesen mit dem Konzept der „Metaorganisation". Mit diesem lässt sich darstellen, welche erschwerten Bedingungen der Steuerung und Veränderung in solchen Organisationen auftreten, deren Mitglieder nicht Individuen, sondern ebenfalls Organisationen sind. Es wird gezeigt, dass vermeintliche Störungen und Defizite der organisierten Staatengemeinschaft sich hintergründig als elementare Stärken und Vorzüge erweisen können.

Vorteile

- Eine systematische organisationswissenschaftliche Analyse der EU.
- Präzise Darstellung der spezifischen Merkmale der EU als „Metaorganisation".
- Innovative Sichtweise auf Basis der Systemtheorie und der internationalen Organisationsforschung.
- Beitrag zur Debatte um den „Brexit" und die Reform der EU.

Zielgruppen

- Studierende und Forschende im Bereich der Organisations- und Politikwissenschaften.
- Journalisten und Fachautoren, die zum Thema EU recherchieren.
- An Strukturfragen der EU interessierte Leserinnen und Leser.

Inhaltsverzeichnis

Die Autoren

Marcel Schütz forscht an der Universität Oldenburg im Bereich Organisationstheorie. Er lehrt Betriebswirtschaft an der Northern Business School Hamburg und Soziologie an der Universität Bielefeld.

Finn-Rasmus Bull studiert im Master Soziologie an der Universität Bielefeld und arbeitet als wissenschaftliche Hilfskraft für die Bielefeld Graduate School in History and Sociology (BGHS).

Unverstandene Union – Was eine organisationswissenschaftliche Analyse der EU sichtbar macht

1

Der vorliegende Beitrag[1] eröffnet eine ungewöhnliche Perspektive. Wir wollen zeigen, wie man mit einer systematischen, *organisatorische* Merkmale prüfenden Analyse zu einer innovativen Sichtweise auf das Gebilde der EU und dessen spezifisch *organisatorischen* Probleme gelangen kann. Wir argumentieren, dass es sich bei der EU um eine besondere Art von Organisation handelt, nämlich um eine Zwischen- oder *Metaorganisation* (MO) – und dass daraus Folgen resultieren, die über altbekannte Zustandsbeschreibungen hinausgehen.

Wir richten unsere Analyse dezidiert auf die EU, weil wir der Ansicht sind, dass mit einem organisationswissenschaftlichen Zugriff eine Reihe aktuell diskutierter Strukturprobleme nachvollziehbar, mehr noch: ihre teilweise unlösbaren Entscheidungskonflikte veranschaulicht werden können. Es geht darum zu zeigen, was wir sehen können, wenn wir uns darauf einlassen, die EU *als Organisation* zu betrachten.[2]

Vielfach wird die EU als „schwerfällig", „resistent" und „bürokratisch" beschrieben. Der Union, so der Eindruck, fehlt es an Handlungs-, Entscheidungs- und Reformfähigkeit. Und auch Aspekte ihrer Legitimität hinsichtlich der demokratischen Kontrolle durch die Bürgerinnen und Bürger ihrer Mitgliedstaaten sind Gegenstand von Kritik (Dingwerth et al. 2011). Überdies wird hohe Detailregulierung bemängelt, während über große Fragen niemand entscheide.

Diese Beschreibungen markieren wichtige Felder, in denen die Union charakteristische Merkmale aufweist. Gleichzeitig, so unser Eindruck, werden diese Diagnosen kaum hinsichtlich der EU *als Organisation* getroffen. Eine Perspektive,

---

[1] Für kritische Durchsicht danken wir Stefan Kühl sowie den Teilnehmenden des Seminars Organisationsforschung an der Fakultät für Soziologie der Universität Bielefeld.

[2] Diese Einführung basiert zum Teil auf Vorüberlegungen, die wir in zwei Beiträgen auf dem Wissenschaftsblog Sozialtheoristen veröffentlicht haben: Bull (2016); Schütz (2016).

© Springer Fachmedien Wiesbaden GmbH 2017
M. Schütz und F.-R. Bull, *Unverstandene Union,* essentials,
DOI 10.1007/978-3-658-17149-0_1

die den Aspekt der Organisation in den Mittelpunkt stellt, ermöglicht es, diese im Zusammenhang mit der spezifischen Struktur des Bündnisses zu sehen. In dieser Einführung wird gezeigt, welcher Nutzen sich in vielen scheinbar rein nachteiligen Abläufen dieser Organisation für sie selbst und ihre Mitglieder verbirgt.

Ein Grund für die Abwesenheit organisationaler Perspektiven in Debatten um die EU liegt vermutlich darin, dass diese vielmehr als ein ‚politisches Projekt' oder eine ‚diplomatische Arena' wahrgenommen wird. Wenn von Organisationen die Rede ist, sind damit in aller Regel Unternehmen, Behörden oder Vereine gemeint. Ein prägnantes Merkmal von Organisationen ist individuelle Mitgliedschaft. Hingegen ist ein abweichender Typ von Organisationen der, bei dem Mitgliedschaft nicht durch Individuen, sondern ebenfalls durch Organisationen wahrgenommen wird: MO. Erstmals von den Organisationsforschern Göran Ahrne und Nils Brunsson (2001, 2005) beschrieben, finden sich MO überall in der Welt, im Wirtschaftssystem, in der Politik, im Erziehungs- und Rechtssystem. Unternehmen bilden ökonomische Verbände, deren Zweck es ist, bestimmte Branchenanliegen gemeinsam zu organisieren. Kammern, Rechtsanwaltskanzleien, Krankenkassen und Banken gründen Dachverbände, um Regularien, die ihre Profession betreffen, gemeinsam zu bewältigen. Staaten treten in internationale Bündnisse ein, die militärischen, völkerrechtlichen und diplomatischen Beziehungen dienen.

Auch wenn MO unsere Welt maßgeblich prägen – systematisch werden sie selten als solche beschrieben. Das liegt wesentlich daran, dass viele dieser Gebilde eher selten als Organisationen angesehen und untersucht werden. Trotz ihrer großen Verbreitung werden MO im Verhältnis zu klassischen Organisationen nur von wenigen Organisationsforscherinnen und -forschern studiert (Berkowitz und Dumez 2016, S. 152).[3] Man spricht stattdessen zumeist recht allgemein von Bündnissen, Netzwerken oder Gruppen. Möglicherweise ist die Beobachtung zutreffend, dass Organisationen vielfach so betrachtet werden, als seien sie nur das selbstverständliche Resultat einer bestehenden sozialen Ordnung (Brunsson 2006). Die Gründe liegen womöglich auch darin, dass die moderne Gesellschaft – vereinfacht gesagt – Probleme damit hat, ihre Organisationen so zu akzeptieren, wie diese sind, nämlich: funktional unpersönlich und nichtindividuell (Coleman 1982). Wird behauptet, es gäbe Organisationen, die nicht aus Menschen, sondern (nur) aus Organisationen bestehen, dürfte dies zumutungsreich erscheinen.

---

[3] Nichtsdestotrotz widmet sich eine Reihe von Autoren vor allem auch internationalen Organisationen aus organisationswissenschaftlicher Sicht. Siehe u. a. Barnett und Finnemore (2004) und Koch (2014) sowie Beiträge in Koch (2012) und Dingwerth et al. (2009). Für die EU insbesondere auch Kerwer (2013) und Gehring (2002).

Besonders dann, wenn es um politische Organisationen geht, deren Legitimation ausgerechnet durch das Votum individueller Akteure – nämlich Wählerinnen und Wählern – erfolgt. Zu welchen Einsichten man gelangt, wenn es etwa um den Bankenverband, die Kultusministerkonferenz, die NATO oder die Europäische Union (EU) geht, hängt auch davon ab, ob man diese Einrichtungen als Organisationen betrachtet.[4]

Unser Band präsentiert das Konzept der EU als MO, abgestimmt mit zentralen Beiträgen der Forschung. Dabei nehmen wir im Text auch immer wieder implizit auf Fragen ihrer Reform Bezug. Diese Perspektive wurde bereits von Dieter Kerwer (2013) eingenommen. Kerwer zeigt hierbei bereits einige wichtige Einsichten auf, zu denen man gelangt, wenn man die EU als MO versteht und die sich in einigen Punkten auch in diesem Band wiederfinden. Wichtige Erkenntnisse sind hier Schwierigkeiten bei der Repräsentation ihrer Mitglieder oder auch Hürden der Organisationsreform. Zudem beleuchtet Kerwer den, zum Teil indirekten, Einfluss der EU sowohl auf ihre Mitglieder als auch auf Nicht-Mitglieder (ebd., S. 46 ff.).

Während Kerwer vor allem die Herstellung von kollektiv bindenden Entscheidungen adressiert (ebd., S. 44) geht es im Folgenden darum, die MO EU systematisch organisationswissenschaftlich zu beschreiben. Mit einem systemtheoretischen Modell betrachten wir ihre wichtigsten formalen Merkmale: *Mitgliedschaft, Hierarchie* und *Zweck*.[5] Jede Organisation füllt diese Merkmale (anders) mit Leben, aber alle durch Aufnahme von Mitgliedern, durch Entscheidungsregeln und durch Klärungen darüber, wozu es die Organisation überhaupt gibt. Daher werden zunächst Unterschiede zwischen klassischen Organisationen und MO markiert. Im Anschluss beziehen wir die identifizierten Merkmale auf das Beispiel der MO EU und zeigen, welche Folgen sich hieraus für Organisation und Mitglieder ergeben. Abschließend stellen wir die wesentlichen Befunde der Arbeit heraus und blicken

---

[4] Eine Schwierigkeit ist ferner, Staaten als Organisationen zu verstehen. Ohne diese Frage hier diskutieren zu können, sei darauf hingewiesen, dass wir Staaten und Organisationen nicht gleichsetzen. Wir meinen, dass die Vertretung in politischen MO in erster Linie durch staatliche Organisationen sprich *Verwaltungen* erfolgt und der Ansatz der MO auch in diesen Fällen Anwendung finden kann. Zur Diskussion des Staats als Organisation: Luhmann 2002, S. 243–253. Zur Anwendbarkeit des Konzepts der MO auf internationale Organisationen siehe auch Kerwer 2013, S. 44; Ahrne und Brunsson 2012, S. 57 f.

[5] Aufmerksame Leser werden es ahnen: Wir beziehen uns auf die Organisationssoziologie Niklas Luhmanns. Wir nutzen diesen Ansatz, da er einen präzisen Zugriff auf soziologisch bedeutsame Facetten von Organisationen bietet. Eine systemtheoretische, für Einsteiger anschauliche Soziologie der Organisation hat Stefan Kühl (2011) geschrieben.

auf Punkte, die weiteres Forschungspotenzial bergen. Die Analyse setzt einen
Schwerpunkt bei Fragen des Verhältnisses zwischen MO und ihren Mitgliedern.
Wenn im Weiteren von Mitgliedern der EU gesprochen wird, folgen wir der Unterscheidung von administrativen und politischen Mitgliedern (Koch 2008, S. 104).
Wir meinen stets die *politischen* Mitglieder: die Mitgliedstaaten der Union. Mitglieder des Verwaltungsapparats – wie bspw. die Präsidenten der EU-Kommission
oder des EU-Rates – werden ausgeklammert. Das heißt nicht, dass diese in den
innerorganisationalen Prozessen irrelevant wären; sie sind aber nicht direkte Mitglieder (Ahrne und Brunsson 2009, S. 41). Eine weitere Differenzierung besteht
hinsichtlich der Entscheidungszusammenhänge, die thematisiert werden. Hierbei
werden zum Teil der Europäische Rat (EU-Rat) sowie die Aushandlungsprozesse
zwischen den Mitgliedstaaten in der EU in den Fokus gerückt. Weitere Organisationselemente, wie die Europäische Kommission (EU-Kommission) oder das Europäische Parlament (EU-Parlament) bleiben bei dieser Analyse außen vor (siehe für
eine Übersicht über die Organe der EU Dingwerth et al. 2011). Diese Auswahl
basiert auf der Annahme, dass die EU unterschiedlich geprägte Entscheidungs-
strukturen aufweist. Während die EU-Kommission und das EU-Parlament vor
allem als supranationale Einrichtungen verstanden werden können, stellt der EU-
Rat ein zwischenstaatliches Organ dar (Kerwer 2013, S. 45). Unsere These ist an
dieser Stelle, dass die Entscheidungen der EU maßgeblich durch die zwischenstaat-
lichen Entscheidungsprozesse sowie das Verhältnis zwischen der EU und ihren Mitgliedstaaten geprägt werden. Diese Aspekte stehen daher im Mittelpunkt der
Argumentation. Der Band stellt somit keine abschließende organisationswissenschaftliche Analyse der EU dar, sondern ist ein Ansatz, den Mehrwert einer organisationalen Perspektive aufzuzeigen, die das Verhältnis der Mitgliedstaaten zur EU
in den Mittelpunkt stellt.

Metaorganisationen 2

Eine organisationssoziologische Betrachtung der EU berücksichtigt, dass es sich, zunächst unabhängig davon, dass jede Organisation ihre speziellen Eigenarten aufweist, um einen bestimmten Typ von *Organisation* handelt. Ausgangspunkt dafür kann das Konzept der MO sein, welches von den schwedischen Organisationswissenschaftlern Ahrne und Brunsson (2005, 2008) entwickelt wurde. MO zeichnen sich dadurch aus, dass ihre Mitglieder keine individuellen Personen, sondern ebenfalls Organisationen sind. Daraus resultieren markante Unterschiede zu ‚normalen' Organisationen, die spezifische Merkmale und Folgen mit sich bringen. Diese werden anhand der drei in der Systemtheorie zentral behandelten Organisationselemente *Mitgliedschaft, Hierarchie* und *Zweck* (Kühl 2011, S. 17; Luhmann 1964) aufgezeigt.

2.1 Mitgliedschaft

MO verfügen im Gegensatz zu herkömmlichen Organisationen typischerweise über einen eng begrenzten, *exklusiv* bestimmten Kreis potenzieller Mitglieder (Ahrne und Brunsson 2008, S. 86). Während Stellen in Unternehmen oder Parteien von einer Reihe formal qualifizierter Personen besetzt werden können, ist es die *Identität* des Mitglieds selbst, die es für eine MO qualifiziert. Statt Rekrutierung findet sozusagen eine ‚Erwählung' statt. Für MO ist es entscheidend, möglichst alle geeigneten Kandidaten aufzunehmen (ebd., S. 88 f.). Plastisch gesprochen: Der DFB kann den FC Bayern München oder den Hamburger SV nicht durch andere Vereine ersetzen. Er verliert an Legitimität, wenn nicht alle als relevant beurteilten deutschen Fußballvereine als Mitglieder in ihm organisiert sind.

© Springer Fachmedien Wiesbaden GmbH 2017   5
M. Schütz und F.-R. Bull, *Unverstandene Union,* essentials,
DOI 10.1007/978-3-658-17149-0_2

Daher sind die Hürden für einen Eintritt in MO in der Regel gering, solange das potenzielle Mitglied reell überhaupt infrage kommt und solange ein Eintritt durch die bisherigen Mitglieder der MO akzeptiert wird – ein Umstand, der dazu führen kann, dass der Eintritt eben doch erschwert und ggf. zeitlich langwierig gestaltet wird. Gleichzeitig hat die Organisation wenig Interesse, Mitglieder zu verlieren, also diese austreten zu lassen oder auszuschließen (ebd., S. 116). Gerade letzteres wird dadurch erschwert, dass MO ihren Mitgliedern gegenüber häufig nur in geringem Maße sanktionsfähig sind (ebd., S. 115). Mitglieder von MO genießen eine Art ‚Kündigungsschutz'. Mitarbeiter zu verlieren, mag für Firmen zum Problem werden. Sie lassen sich bei diesen aber *ersetzen*. Zudem besteht bei regulären Organisationen ein höheres Interesse, unliebsame Mitglieder möglichst zügig, nach einem normierten Verfahren und erfolgreich ausschließen zu können.

Ein weiteres Merkmal von MO liegt in der Strukturähnlichkeit zu ihren Mitgliedern. So mögen die Mitgliedsorganisationen grundsätzlich verschieden sein, sie bleiben aber stets Organisationen und damit ‚artverwandt' (ebd., S. 59 f.). Die Beziehung zwischen MO und ihren Mitgliedern unterscheidet sich daher von der klassischen Konstellation von Organisation und natürlicher Person. Neben der relativen Unersetzbarkeit zeichnen sich Mitglieder von MO durch hohe Autonomie aus. Organisationen besitzen deutlich mehr Ressourcen als Personen und verstehen es, diese in ihrem Interesse zu mobilisieren (ebd., S. 59). Ganz zu schweigen von den repräsentativen Mitteln jeder Organisation im Vergleich zu Individuen (Coleman 1982; Preisendörfer 2016). Es kann für MO demnach problematisch sein, wenn sie und ihre Mitglieder sich *zu* sehr ähneln. Konkurrenz zwischen der MO und ihren Mitgliedern um Identität, Autonomie und Autorität kann dann die Folge sein (Ahrne und Brunsson 2008, S. 61; 2009, S. 46).

2.2   Hierarchie

Hierarchie stellt in Organisationen ein probates Mittel dar, um Entscheidungswege zu strukturieren. MO zeichnen sich dadurch aus, dass sie im Gegensatz zu individuenbasierten Organisationen – wenn überhaupt – allenfalls ein geringes Maß an formaler Hierarchie gegenüber und zwischen ihren Mitgliedern ausbilden können (Ahrne und Brunsson 2008, S. 114 ff.; 2009). Stattdessen neigen MO dazu, Konsensentscheidungen zu treffen, auf die sich alle beteiligten Mitglieder verständigen können, um Konflikte zu meiden (Ahrne und Brunsson 2008, S. 123). Diese können nicht im selben Maße durch Formalhierarchie bearbeitet werden, wie in regulären Organisationen, deren Funktion darin besteht, gerade *nicht* über Aushandlung und Konsens, sondern über Führungsrollen und Instanzenzug Entscheidungen herbeizuführen (Luhmann 1964, S. 208 f.; Brunsson und Brunsson 2015). Diese Aspekte beinhalten gegenüber Standardorganisationen weitreichende Implikationen. Zum einen Bedarf es bei einem Mangel formaler Hierarchie eines Ausgleichs, um Erwartungssicherheit innerhalb der Organisation zu schaffen. Dieser findet sich in MO häufig auf informaler[1] Ebene. Informale Hierarchien äußern sich bspw. durch die Bildung von internen Bündnissen sowie wechselnden Führungsansprüchen und Agenden. Ein geringes Maß an formaler Hierarchie und der ‚Zwang' zum Konsens erschweren es zudem, elementaren Organisationswandel zu entscheiden (Ahrne und Brunsson 2008, S. 132 f.).[2]

2.3 Zwecke

Für MO sind Zwecke von höherer Bedeutung als für individuenbasierte Organisationen. Sie definieren zum einen den Adressatenkreis und so auch den Vertretungsanspruch der MO. Da diese hinsichtlich der Inklusion neuer Mitglieder zur Monopolisierung neigen, sind andere Organisationen mit vergleichbarem Zweck problematisch. Während auch reguläre Organisationen in Konkurrenzbeziehungen zueinander stehen können, würde die Legitimität von MO durch die bloße Existenz eines potenten (Zweck-)Konkurrenten instabil (ebd., S. 88 ff.; 2012, S. 63).

Zum anderen spielen Zwecke bei der Motivation von Mitgliedern eine Rolle. Während Zweckmotivation in klassischen Organisationen nur bedingt erwartet werden kann[3] (Luhmann 1964, S. 100 f.), sind es bei MO in der Regel Zwecke, die ihre Mitglieder zum Beitritt bewegen. Insbesondere da diese Form der Organisation typischerweise über weniger Ressourcen als ihre Mitglieder verfügt und jene kaum monetär stimulieren könnte (Ahrne und Brunsson 2008; Ahrne et al. 2016, S. 11).

In politischen und gemeinnützigen MO sind die Zwecke oftmals eigentlich *Werte,* deren Funktion es ist, hohe Zustimmungsfähigkeit wahrscheinlich zu halten. Auf diese Weise fällt es MO leicht, alle potenziell infrage kommenden

---

[1] Zur prominenten Unterscheidung von Formalität und Informalität siehe mit empirischen Beiträgen von Groddeck und Wilz (2015).

[2] In Teilen der Soziologie werden Reformen als Maßnahmen der Routinebildung und Stabilisierung beobachtet. Siehe Brunsson (1989a), Brunsson und Olsen (1993), Corsi und Esposito (2005).

[3] Eine Ausnahme bilden ehrenamtliche Mitglieder von Organisationen, da diese explizit nicht monetär motiviert werden sollen. Die übliche Motivation zur Zweckerfüllung durch Mitglieder sind Geldleistungen.

Mitglieder und also ‚wertrelevante' Umwelt in die eigene Organisation zu inkor-
porieren. Hiervon profitiert nicht nur die MO, die damit ihre Legitimität erhöhen
kann, sondern auch die vorhandenen Mitglieder, da desgleichen die Erwartungssicherheit gegenüber den vormaligen Nicht-Mitgliedern gesteigert wird.

Gleichzeitig bieten vor allem Werte als Zwecke aber nur begrenzt Orientie-
rungswert. Für die innere Metastruktur sind die Zwecke kaum zweckmäßig bzw.
Werte wenig wertvoll. Neben einem breiten Spektrum von Definitionsfragen, ist
es die fehlende Möglichkeit ihrer eindeutigen Hierarchisierung, die es Organisationen erschwert, konkrete Entscheidungen und Programme aus Wertorientierun-
gen abzuleiten (Brunsson 2005, S. 12; siehe auch Luhmann 2008, S. 88 f.).

Die EU als Metaorganisation 3

Im Folgenden wird diskutiert, welche Phänomene in den Blick geraten, wenn man die EU metaorganisational betrachtet. Die Darstellung folgt der theoretischen Einführung und zeigt anhand der Leitaspekte Mitgliedschaft, Hierarchie und Zweck organisationwissenschaftliche Einsichten und Forschungspotenziale auf.

Wir wollen herausstellen, dass eine organisationswissenschaftliche Analyse der EU mithilfe der aufgezeigten Strukturmerkmale zu einer anderen Perspektive gelangt, als gängige Diagnosen von Defiziten, die häufig mit der Identifikation von Reformbedarfen einhergehen. Es geht uns des Weiteren explizit nicht darum, einen politisch normativen Ansatz zu verfolgen, also Vorstellungen einer ‚besseren‘ oder ‚richtigen‘ Gestaltung der EU zu entwickeln. Mit anderen Worten: Wir richten das Augenmerk auf die Frage, welche (Wechsel-)Wirkungen und Entscheidungsfolgen über Mitgliedschaft, Hierarchie(-ersatz) und Zweckorientierung *organisatorisch* zu sehen sind; und: auf welche Erschwernisse von Entscheidungen in der EU hinzuweisen ist, wird diese in Doppelbindung einerseits an Nationalpolitik und andererseits an innere organisatorische Koordination betrachtet.

3.1 Besonderheiten und Probleme von Mitgliedschaft in der EU

Mitgliedschaft stellt, wie verdeutlicht wurde, ein zentrales Merkmal von Organisationen dar. Da Mitgliedschaft in Organisationen entschieden werden muss, liegt es nahe, zum einen zu sehen, in welchen Situationen Entscheidungen über Mitgliedschaft gefällt werden und zum anderen welche Bedingungen diesen Entscheidungen zugrunde liegen. Will man die EU als MO verstehen, kommt man nicht umhin, sich darüber klar zu werden, wie Mitgliedschaft in dieser Organisation konditioniert wird. Hierfür werden die zentralen Entscheidungslagen hinsichtlich

© Springer Fachmedien Wiesbaden GmbH 2017
M. Schütz und F.-R. Bull, *Unverstandene Union,* essentials,
DOI 10.1007/978-3-658-17149-0_3

formaler Regeln geprüft und Folgen, die aus der Organisationsform der EU resultieren, aufgezeigt. Entscheidungen über Mitgliedschaft fallen vor allem beim Eintritt neuer Mitglieder sowie bei der Beendigung von Mitgliedschaft an. Bei letzterer ist zwischen dem Ausschluss des Mitgliedes durch die Organisation und dessen Selbstselektion zu unterscheiden.

3.1.1 Eintrittsbedingungen

Die EU weist bereits bei der Auswahl ihrer Mitglieder gegenüber individuenbasierten Organisationen beachtliche Unterschiede auf. Während letztere Stellen ‚besetzen' und damit nur einen bestimmten Ausschnitt, nämlich eignungsspezifische Qualifikation von Bewerberinnen und Bewerbern zu berücksichtigen haben, ist für MO deutlich wichtiger, *wer* Mitglied wird.

Grundsätzlich kommt als Mitglied der EU „[j]eder europäische Staat, der die in Artikel 2 genannten Werte achtet und sich für ihre Förderung einsetzt" (EUV, Art. 49) infrage. Art. 2 umfasst hierbei „die Achtung der Menschenwürde, Freiheit, Demokratie, Gleichheit Rechtsstaatlichkeit und die Wahrung der Menschenrechte einschließlich der Rechte der Personen, die Minderheiten angehören" (ebd., Art. 2) sowie die Aussage, dass diese „Werte [...] allen Mitgliedstaaten in einer Gesellschaft gemeinsam [seien], die sich durch Pluralismus, Nichtdiskriminierung, Toleranz, Gerechtigkeit, Solidarität und die Gleichheit von Frauen und Männern auszeichnet" (ebd.). Zudem werden bei der Entscheidung zur Aufnahme neuer Mitglieder „[d]ie vom Europäischen Rat vereinbarten Kriterien" (ebd., Art. 49) berücksichtigt, die in Form der sogenannten *Kopenhagener Kriterien* 1993 formuliert wurden. Diese umfassen politische, wirtschaftliche und rechtliche Kriterien, wobei die politischen Kriterien im EU-Vertrag durch Art. 2 abgedeckt werden (Steppacher 2012, S. 131). Die wirtschaftlichen Kriterien umfassen eine „funktionsfähige Marktwirtschaft sowie die Fähigkeit, dem Wettbewerbsdruck und den Marktkräften innerhalb der Union standzuhalten" (ebd.), während mit rechtlichen Kriterien „die Fähigkeit" vorausgesetzt wird, „die aus der Mitgliedschaft erwachsenden Verpflichtungen zu übernehmen und sich die Ziele der politischen Union sowie der Wirtschafts- und Währungsunion zu eigen zu machen" (ebd.).

Sowohl die wirtschaftlichen als auch die rechtlichen Kriterien legen ein gewünschtes Mindestmaß an Homogenität der Mitglieder der EU fest. Gleichzeitig sind die wirtschaftlichen Voraussetzungen in ihrer Formulierung in den Kopenhagener Kriterien stark unspezifisch gehalten. Die rechtlichen Kriterien verweisen in erster Linie auf die Übernahme von EU-Recht und sind daher zumindest in Teilen konkret.

Zur Eröffnung eines Beitrittsverfahrens sind zunächst die im EU-Vertrag verankerten politischen Kriterien von zentraler Bedeutung. Die Hürde für potenzielle Mitglieder liegt, zumindest wenn sie als europäische Staaten gelten[1], mit der glaubhaften Darstellung der Anerkennung von Art. 2 des EU-Vertrags verhältnismäßig niedrig.

Der Beschluss, ein Beitrittsverfahren zu eröffnen, erfolgt in letzter Konsequenz durch den EU-Rat (EUV, Art. 49). Dieser setzt sich aus den Staats- und Regierungschefs der Mitgliedstaaten zusammen[2] und entscheidet in der Regel im Konsens (ebd., Art. 15 Abs. 4). Zwar gehen dieser Abstimmung Empfehlungen der EU-Kommission und des EU-Parlaments voraus, grundsätzlich besteht im Rahmen des EU-Rats allerdings die Möglichkeit, durch Nicht-Zustimmung eines einzelnen Staates die Aufnahme von Beitrittsverhandlungen zu verhindern. Während die politischen Kriterien, die sich im Prinzip als Wertekanon beschreiben lassen, also im EU-Vertrag fixiert sind und deren Akzeptanz damit als Voraussetzung für die Aufnahme von Beitrittsverhandlungen formal erwartet werden kann, stellen die wirtschaftlichen und rechtlichen Kriterien Rahmenbedingungen dar, die in nachgeordneten Verfahren ausgehandelt werden.

Diese Asymmetrie der Konkretisierung im EU-Vertrag mag auf den ersten Blick verwundern. Aus einer organisationswissenschaftlichen Perspektive lässt sich eine mögliche Funktion dieser Regelung erkennen: die Eröffnung von Handlungsspielräumen.

Die Identität von MO hängt in hohem Maße mit der Identität ihrer Mitglieder zusammen (und eben von diesen ab), weshalb sie ihren Charakter potenziell immer dann entwickelt, wenn Mitglieder aufgenommen werden oder aus der Organisation ausscheiden (Ahrne und Brunsson 2008, S. 85). Hinzu kommt, dass MO in der Regel einen Monopolanspruch auf den von ihnen adressierten Mitgliederkreis haben (ebd., S. 88 f.). Dieser resultiert daraus, dass die Legitimität von MO in höherem Maße von Konkurrenz, das heißt Alternativ- oder gar Gegenbündnissen,

---

[1] Als Referenz für das geografische Kriterium kann der Antrag Marokkos gesehen werden, in die Vorgängerorganisation der EU, die Europäische Gemeinschaft (EG) aufgenommen zu werden. Dieser wurde von der EG am 1. Oktober 1987 mit der Begründung abgelehnt, dass „Marokko nicht zum ‚europäischen Raum' gehöre" (Europa-Archiv 1987, Z S. 207). Gleichzeitig spielen bei der Definition des Europäischen offensichtlich nicht nur geografische Aspekte eine Rolle, wie im Zuge der anhaltenden Debatten über einen möglichen EU-Beitritt der Türkei beobachtet werden kann (Walter 2008).

[2] Ferner die Präsidenten des EU-Rats und der EU-Kommission, welche allerdings kein Stimmrecht besitzen.

bedroht wird, als dies bspw. bei Unternehmen der Fall ist.[3] Es erscheint nicht unge-
wöhnlich, dass mehrere Firmen Autoreifen herstellen. Eine zweite UN, EU oder
FIFA würde jedoch Zweifel an ihrer Notwendigkeit und Legitimation hervorbrin-
gen. Der Monopolanspruch hängt vor allem von der Zwecksetzung der MO und
den im Fall der EU territorialen Domänen und Ressourcen, über die sie verfügt, ab.

Hat eine MO der Art der EU eine Monopolstellung erlangt, bestehen vor allem
zwei Möglichkeiten, mit der Aufnahme neuer Mitglieder und damit der Expan-
sion der Organisation umzugehen. Eine Variante ist es, potenzielle Mitglieder
möglichst schnell in die MO zu integrieren, um so Umwelt möglichst weitgehend
in Organisation umzuwandeln. Diese Variante ist etwa bei der UN zu beobachten
(Ahrne et al. 2016, S. 16), die – solange ein Veto im Sicherheitsrat ausbleibt und
die Zustimmung der Generalversammlung erfolgt – keine Beitrittsverhandlungen
kennt. Eine zweite Variante besteht wie bei der EU darin, im Zuge des Aufnahme-
verfahrens Bedingungen zu formulieren, die eine Angleichung des Beitrittskandidaten an die bestehenden Mitglieder fordern. Hier zeigt sich eine Besonderheit,
die durch die Unterscheidung von MO und regulären Organisationen in den Blick
genommen werden kann: „Meta-organizations tend to have more influence on
candidates than on members" (ebd., S. 15).

Die EU kann ihre Monopolstellung nutzen, um weitreichende Anforderungen an
beitrittswillige Staaten zu stellen. Dadurch, dass die Kopenhagener Kriterien neben
den politischen Kriterien auch in der wirtschaftlichen Dimension verhältnismäßig
unkonkret formuliert sind, können demnach je nach Beitrittskandidat angepasste
Forderungen gestellt werden.[4] Das Fehlen der expliziten Angabe wirtschaftlicher
und rechtlicher Kriterien im EU-Vertrag kann als weitere Offenhaltung von Handlungsspielräumen interpretiert werden. Dadurch, dass die Eröffnung des Beitrittsverfahrens lediglich an die politischen Kriterien und damit den deutungsvariablen
Wertekanon der EU gebunden ist, bleiben die Hürden an dieser Stelle formal wenig
konkret und potenziell niedrig.[5] Die Berücksichtigung der Kopenhagener Kriterien,

---

[3] Konzerne neigen funktional zwar zur Inkorporation anderer Unternehmen. Weitaus
unwahrscheinlicher dürfte allerdings der Fall eintreten, dass Konzerne mit Ausgründungen
gegen die Mutterorganisationen konfrontiert werden.

[4] Siehe für eine ähnliche Einschätzung auch Beichelt (2004), der darauf verweist, dass
die Kriterien darauf ausgerichtet wurden, die Kontrolle über Erweiterungen bei der EU zu
belassen (ebd., S. 38).

[5] Der Entscheidung über die Eröffnung eines Beitrittsverfahrens durch den EU-Rat geht
eine Stellungnahme der EU-Kommission voraus. Diese kann auf die Entscheidung des EU-
Rats mit ihrer Einschätzung empfehlend einwirken.

die laut Art. 49 vorgesehen ist, impliziert so einen größeren Spielraum. Insbesondere im Hinblick auf diverse Aufnahmestrategien und -interessen kann dieser dazu dienen, die Kriterien im Einzelfall unterschiedlich auszulegen. Der Clou dieser Konstruktion liegt darin, Selektionskriterien einerseits überschaubar, zurechenbar und damit nicht gänzlich diffus zu halten, andererseits sie aber situativ disponieren – und das heißt in Teilen: suspendieren – zu können.[6]

3.1.2 Ausschlussmöglichkeiten

Die Möglichkeit des Ausschlusses von Mitgliedern stellt in Organisationen eine Form der Sanktion dar. Das Konzept der MO verweist darauf, dass Ausschlüsse vor allem in zweierlei Hinsicht problematisch sind. Zum einen hat eine MO wie die EU kein Interesse, Mitglieder zu verlieren, da diese nicht ersetzbar sind (Ahrne et al. 2016, S. 12). Die Eignung neuer Mitgliedstaaten leitet sich nicht aus ihrer ‚Qualifikationsentwicklung' ab, sondern begründet sich durch die Eigenschaften des potenziellen Mitglieds an sich. Die Mitgliedschaft Deutschlands kann nicht durch eine Mitgliedschaft der Türkei ersetzt werden. Es gibt keine Nachfolge wie in konventionellen Organisationen. Müssen reguläre Organisationen zusehen, dass Mitgliedschaft und Vakanz zueinander different bleiben, basiert die Metastruktur EU auf vollständiger Einheit von beidem. Zum anderen gestaltet sich das Ausschlussverfahren schwierig. Dieses wird auf der einen Seite durch das Fehlen formaler Hierarchie erschwert. Der Ausschluss eines Mitglieds ist in MO nicht so einfach zu entscheiden, wie bspw. in Unternehmen, wo die Entlassung von Mitarbeiterinnen und Mitarbeitern zwar nicht unbedingt alltäglich, aber dennoch gängiges Mittel ist. Unternehmen oder Verwaltungen haben ein ausgiebig kodifiziertes Rechtsverfahren, nach dem geordnete Trennung relativ eindeutig konditioniert werden kann. Auch kommt hinzu, dass die Kriterien, die Ausschlüssen zugrunde liegen, nicht in derselben Weise konkretisiert werden können wie in individuenbasierten Organisationen. In letzteren sind sie stark mit der Formalstruktur der Organisation verbunden. Wer die Formalstruktur verletzt oder offen ablehnt, muss damit rechnen, seine Mitgliedschaft aufs Spiel zu setzen (Luhmann 1964, S. 38).

---

[6] Siehe zu situativen und personellen Anpassungen der Mitgliederauswahl für Standardorganisationen Luhmann (2011, S. 279 ff.)

Das fehlende Interesse an Ausschlüssen von Mitgliedern lässt sich auch an der Formalstruktur der EU ablesen, in der diese schlichtweg nicht vorgesehen sind. Der EU-Vertrag enthält hierzu keine Regelungen, sondern sieht stattdessen nur die weniger folgenreiche Aussetzung von Mitgliedschaftsrechten vor. Auch diese ist an Art. 2 des EU-Vertrags gekoppelt. Art. 7 regelt hierbei die unterschiedlichen Verfahren, die bei Verstößen gegen Art.2 eingeleitet werden können. Die Möglichkeiten reichen von der Feststellung einer „eindeutigen Gefahr einer schwerwiegenden Verletzung der in Art. 2 genannten Werte" (EUV, Art. 7 Abs. 1) über die Feststellung schwerwiegender und anhaltender Verletzungen dieser Werte (ebd., Art. 7 Abs. 2) bis hin zur Aussetzung von Mitgliedschaftsrechten, inklusive der „Stimmrechte des Vertreters der Regierung dieses Mitgliedstaates im Rat" (ebd., Art. 7 Abs. 3). Da die Feststellung dieser schwerwiegenden und anhaltenden Wertverletzungen vom EU-Rat im Konsens entschieden werden muss, sind Sanktionen nach Art. 7 Abs. 3, dem eben diese Feststellung vorausgehen muss, nur schwer einzuleiten.[7] Zwar nimmt der betroffene Mitgliedstaat nicht an ebendieser Abstimmung teil (AEUV, Art. 354), eine Suspendierung von Mitgliedschaftsrechten bleibt aber auch hinsichtlich der erforderlichen Einstimmigkeit der restlichen Mitgliedstaaten bei diesem vorgelagerten Schritt voraussetzungsvoll.

Während der Erfolg eines Verfahrens zur Suspendierung von Mitgliedschaftsrechten durch die Anbindung an eine Konsensentscheidung des EU-Rats also bereits unwahrscheinlich wird, sind auch die Grundlagen für die Einleitung eines solchen Verfahrens potenziell konfliktbehaftet. Der Bezug auf Art. 2 des EU-Vertrages und damit auf Werte erschwert eine Beurteilung einer Verletzung ebendieser, zumal diese durch die Attribute ‚schwerwiegend' und ‚anhaltend' charakterisiert sein müssen und somit in mehrfacher Hinsicht mit Unsicherheit belastet sind. Klare Sachverhalte sind auf dieser Basis kaum zu erkennen, weshalb zusätzlich zum blockadeanfälligen Verfahren bereits das (An-)Erkennen von Verstößen schwerfallen dürfte.

3.1.3 Austrittsbedingungen

Besondere Aufmerksamkeit haben in letzter Zeit die Austrittsbedingungen der EU erfahren. Im Zuge der Debatte um das britische Referendum zum sogenannten „Brexit" stand insbesondere Art. 50 des EU-Vertrages im Fokus.

---

[7] Und gerade durch Einstimmigkeit fehlt es wiederum an einem zentralen Hebel, um Sanktion wahrscheinlich zu machen: Hierarchie.

Der EU-Vertrag besagt, dass „[j]eder Mitgliedstaat [...] im Einklang mit seinen verfassungsrechtlichen Vorschriften beschließen [kann], aus der Union auszutreten" (EUV, Art. 50 Abs. 1). Hierfür ist zunächst die Absichtserklärung des jeweiligen Mitgliedstaats notwendig. Anschließend soll ein Abkommen zum Austritt ausgehandelt werden, in dem auch die „künftigen Beziehungen dieses Staates zur Union berücksichtigt [werden]" (ebd., Art. 50 Abs. 2). Kommen die Verhandlungen nicht zum Abschluss, tritt dieser nach zwei Jahren effektiv in Kraft, sofern der EU-Rat und der betroffene Mitgliedstaat nicht einer Verlängerung der Frist zustimmen (ebd., Art. 50 Abs. 3).[8]

Diese Regelungen bringen für den Fall eines Austritts ein hohes Maß an Unsicherheit mit sich. Dies betrifft sowohl die Austrittsverhandlungen als auch die Inhalte eines Austrittsabkommens.

Erkennbar sind die diversen Barrieren für den tatsächlichen Austritt. Doch warum sind Austritte aus der EU derart unbestimmt geregelt? Man könnte davon ausgehen, dass eine Trennung mit klaren Rahmenbedingungen im Interesse aller Beteiligten wäre. Der trennungswillige Mitgliedstaat wüsste, worauf er sich einlässt und auch die EU hätte höhere Erwartungssicherheit hinsichtlich des weiteren Vorgehens. Eine organisationswissenschaftliche Betrachtung ermöglicht es, die Funktionalität dieser Unsicherheit zu erkennen. Denn ebenso wie im Fall des Eintritts neuer Mitglieder in die Organisation, spielt die Eröffnung von Handlungsspielräumen bei Austritten für die EU eine wichtige Rolle.

Ein zentraler Unterschied zwischen individuenbasierten Organisationen und MO liegt in der höheren Abhängigkeit der MO von ihren Mitgliedern (Ahrne und Brunsson 2009, S. 47; 2012, S. 63). Es ist für MO, die in der Regel einen relativ konkreten Adressatenkreis haben, deutlich wichtiger, wer ihre Mitglieder sind, als dies bspw. in Unternehmen der Fall ist: „The identity of the meta-organization is dependent upon the identity of its members" (Ahrne und Brunsson 2008, S. 85).[9]

Hieraus lässt sich ein grundlegendes Charakteristikum von MO ableiten, das diese von anderen Organisationstypen unterscheidet: Austritte werden zu einem

---

[8] Diese organisierten Verzögerungskredite bieten aufschlussreichen Beleg, dass man es in MO mit Entscheidungsfindung nicht allzu eilig hat; und dies bei völliger Abwesenheit von Sanktionen. Vorbereitung, Eröffnung und Beendigung von Mitgliedschaftsverhältnissen sind unter der Dimension Zeit betrachtet vollständig inkompatibel mit dem Prozedere z. B. in Unternehmen, wo Zeit einen beträchtlichen Eigenwert besitzt. Zu den Ressourcen der Verzögerung in Organisationen siehe Luhmann (1971, S. 143–164.)

[9] Wenngleich mitnichten unterschlagen werden soll, dass auch Normalorganisationen Personenorientierung (und: -abhängigkeit) entwickeln können. Nur schlägt diese typischerweise nicht auf die gesamte Entscheidungskonstruktion der Organisation durch.

riskanten Problem der verbleibenden Mitglieder. Die EU kann nicht einfach einen anderen Staat anstelle Großbritanniens aufnehmen, ohne damit ihren eigenen Charakter zu verändern. Insbesondere prestigeträchtige und starke Mitglieder, einflussreiche und wirtschaftlich bedeutende Staaten, sind es daher, die für die Union von zentraler Bedeutung sind. Dies gilt vor allem hinsichtlich ihrer Attraktivität für Nicht-Mitglieder (ebd., S. 87 f.). Neben der Wichtigkeit der Entscheidung darüber, wer als neues Mitglied aufgenommen wird, ist es für die EU von entscheidender Bedeutung, ihre Mitglieder nicht zu verlieren.

Eine Möglichkeit, mit dieser Problematik umzugehen, besteht darin, Austritte in den formalen Organisationsregeln schlichtweg nicht vorzusehen. So weist beispielsweise die Charta der Vereinten Nationen (UN) keine Regelungen für eine freiwillige Beendigung der Mitgliedschaft auf.[10] Auch die EU hatte bis zu den Verträgen von Lissabon von 2007 auf eine Austrittsklausel verzichtet.

Doch auch das Verfahren der EU zeigt in der Ausgestaltung von Art. 50, dass die Formalisierung des Austritts selbst gering ausfällt und der konkrete Ablauf unbestimmt bleibt. Diese Unbestimmtheit kann aus einer organisationswissenschaftlichen Perspektive vor dem Hintergrund der speziellen Eigenschaften von MO als funktional verortet werden, die eben ein hohes Interesse daran haben, Austritte zu verhindern, da unter anderem aus Legitimitätsgründen in der Regel die Vollmitgliedschaft im Rahmen der Mitgliedschaftsbedingungen angestrebt wird; im Fall der EU also alle europäischen Staaten, die aus Sicht der EU-Kommission und des EU-Rats die Kopenhagener Kriterien potenziell erfüllen können. Die Aufrechterhaltung eines hohen Maßes an Unsicherheit und die Schaffung von Handlungsspielräumen in Bezug auf Organisationsaustritte können für die EU die Funktion erfüllen, den Verlust von Mitgliedern zu verhindern. Diese Unsicherheit ist funktional, weil sie kaum Vorhersagen über den Ablauf und die Inhalte von Austrittsverhandlungen zulässt und man jeden Austritt als Einzelfall mit eigenen (Aus-)Handlungsspielräumen behandeln kann.

Dies kann nicht nur dazu dienen, Austritte unwahrscheinlich zu machen, sondern der Organisation gleichzeitig die Möglichkeit eröffnen, Austrittsverhandlungen nicht zur ‚Blaupause' für Nachahmer werden zu lassen. Die rudimentäre Regelung von Austritten ist dementsprechend keine organisatorische Fehlleistung, sondern sie erfüllt die Funktion, Austritte mit einem hohen Maß an Unsicherheit für den jeweiligen Mitgliedstaat zu belasten und Spielräume für

---

[10] Zwar wird in der Rechtswissenschaft betont, dass Austritte aus völkerrechtlicher Perspektive dennoch möglich seien (für einen Überblick siehe Zeidler 1990, S. 12 f.), in der Formalstruktur der UN schlägt sich dies allerdings nicht nieder.

Sonderbehandlungen seitens der EU zu eröffnen. Im Gegensatz zu klassischen Organisationen, in denen klare Austrittsregeln und damit Erwartungssicherheit sowohl für die Organisation als auch für ihre Mitglieder wünschenswert erscheinen, profitiert die EU davon, austrittswillige Mitgliedstaaten im Unklaren zu lassen.

3.1.4 Fazit

Ein organisationswissenschaftlicher Blick auf die Mitgliedschaftsbedingungen der EU zeigt, dass diese Charakteristika aufweisen, die in individuenbasierten Organisationen nicht zu erwarten sind. Während diese Mitglieder mit spezifischen Qualifizierungsmerkmalen suchen, bei Verstößen gegen die Mitgliedschaftsbedingungen verhältnismäßig unproblematisch ausschließen können und die Kündigung eines Mitgliedschaftsverhältnisses seitens des Mitglieds in der Regel nur durch die vereinbarte Kündigungsfrist eingegrenzt ist, tut sich die EU bei Entscheidungen über Mitgliedschaft schwer.

Um diesen Umstand adäquat erfassen zu können, hilft es, die EU als MO zu beschreiben. Die Besonderheiten und Probleme von Mitgliedschaft der EU lassen sich auf diese Weise prägnanter, da differenzierter nachvollziehen, weil sie eben nicht auf einzigartigen oder zufälligen Umständen, sondern auf dem Organisationstyp selbst beruhen (siehe für diese Einschätzung auch Kerwer 2013; Murdoch 2015). Vor diesem Hintergrund wird nachvollziehbar, warum sowohl die Eintritts- als auch die Austrittsprozedere der EU der Organisation weite Handlungsspielräume eröffnen und vor allem hinsichtlich des Verlassens der Organisation stark mit Unsicherheit belastet sind. Des Weiteren kann eine metaorganisationale Beschreibung der EU deutlich machen, warum das Fehlen von Ausschlussmöglichkeiten und Schwierigkeiten beim Entzug von Mitgliedschaftsrechten keine ‚Designfehler' der Organisation sind, sondern konkrete Problemstellungen antizipieren, die mit ihrem spezifischen Organisationstypus einhergehen.

3.2 Das Fehlen von Hierarchie: Folgen und Möglichkeiten ihres Ersatzes

Die EU als MO zeichnet sich gerade dadurch aus, dass ihre Mitgliedschaften in einem relativ exklusiven und besonders selektiven Verfahren begründet werden (Ahrne und Brunsson 2009, S. 47). Die wenigen potenziell geeigneten Kandidaten werden nicht – wie etwa in typischen Arbeitsorganisationen – zu *Angestellten* der Union, sondern zu deren Kooperateuren. Ähnlich einer Gebietsreform werden die Staaten dauerhaft ‚eingemeindet'. Mit dem Unterschied, dass sie als Staaten weiter fortbestehen und nicht mit der Metastruktur gänzlich verschmölzen. Dies jedoch geschieht, ohne dass geprüft werden könnte, inwiefern Mitgliedstaaten sich *nach* einem Beitritt tatsächlich im Sinne der MO bewährten. Inwieweit Griechenland oder Portugal fähig sind, die Garantie ihrer Aufnahme mit der Garantie der Einhaltung der Kopenhagener Kriterien zu ‚bezahlen', kann weder vor Eröffnung einer Mitgliedschaft abgesehen werden, noch können hernach Exklusionsmechanismen greifen. Diese unmittelbar und dauerhaft stabilisierte Mitgliedschaftsbindung – wir sprachen von ‚Unkündbarkeit' – verhilft nicht nur der Bündnisorganisation zu Stabilität sowie durch Verorganisierung von Umwelt zur Reduktion von Komplexität. Sie garantiert den Mitgliedern, dass die Einflussnahme durch das Bündnis begrenzt bleibt (Ahrne und Brunsson 2009, S. 47 ff.; 2001).

Wie lassen sich die Mechanismen dieser faktischen Hierarchievermeidung im Detail nachvollziehen und wie wird das Fehlen formaler Weisung kompensiert?

3.2.1 Konsensuelle Entscheidungsfindung

Eine etablierte Form der Entscheidungskoordination in MO – so auch in der EU – ist das Verfahren der Einstimmigkeit (Ahrne und Brunsson 2005; EUV, Art. 15 Abs. 4). Üblicherweise wird das *Konsensprinzip* der EU als problematisch beschrieben. Man betont die Umständlichkeit der Entscheidungsfindung und verweist auf langwierige Aushandlungswege. Entscheiden sich Mitglieder noch kurz vor der Beschlussfindung zu abweichendem Verhalten und verweigern somit ihre Stimme, besteht das Risiko, dass umfangreiche Vorbereitungen bereits erwarteter (vorentschiedener) Entscheidungen schlicht vergebens waren und es zu keinem Votum kommt. Der Außeneindruck ist der des behäbigen Apparats.

Durch das metaorganisationale Konzept können jedoch eine Reihe weiterer dieser Konsens-Konsequenzen beobachtet werden, die weit weniger intuitiv problematisch erscheinen. Es liegt zwar nahe, oft von ‚Blockaden' und ‚Reformverhinderern' zu sprechen. Möglich ist aber auch, die durchaus funktionalen Effekte hinter diesen scheinbar ausschließlichen Störphänomenen zu begreifen.

So ist festzustellen, dass gerade das Konsensprinzip von den Mitgliedern taktisch eingesetzt werden kann, um – genau umgekehrt – eine Art ‚entschärfenden' Dissens zu erreichen. Kleinere Staaten und solche, die sich von wirtschaftlichen oder geografisch relevanten Entscheidungen nachteilig tangiert sehen, haben einzig per Nicht- bzw. Gegenvotum die Möglichkeit, für sie ungünstig erscheinende EU-Vorhaben abzuwenden. Dies kann sich dergestalt ereignen, dass zentral erachtete Güter der eigenen nationalen Souveränität nur per Dissens geschützt werden können. Dabei spielt es kaum eine Rolle, ob die Motivation der Mitgliedstaaten in irgendeiner Form Prüfungen der ‚Objektivität' oder ‚Rationalität' des Entscheidens standhalten kann. Zwar wird oft ermahnend an Vernunft und Einsicht appelliert. Man ignoriert damit aber die Binnenlogik der einzelnen Mitglieder, die sich in Legitimationsanstrengungen nicht nur gegenüber der Union, sondern auch gegenüber ihren Bürgerinnen und Bürgern – als Wählerinnen und Wählern – herausgefordert sehen. So, wie Mitgliedstaaten einst ihren freiwilligen Eintritt erklärt haben und dabei nur sehr ungefähre Verbindlichkeiten für die Zukunft anerkennen mussten, so können sie späterhin von den daraus resultierenden Freiheiten innerhalb der Metastruktur des Staatenbündnisses derart Gebrauch machen, nötigenfalls dann nationalsouveräne Orientierung vorzuziehen, wenn sie eben diese im Bündnis gefährdet sehen.

Gerade solche Verweigerung und der daraus hervorgehende Dissens bieten für die Metastruktur entschärfende Effekte. Denn erst über Eskalationen werden Grenzen des Zumutbaren und Machbaren für die Mitglieder der MO situativ markiert bzw. konkretisiert und in der – will man es so nennen – Organisationskultur des Bundes verfestigt. Für künftiges Entscheiden können bereits erfahrene Zugeständnisse bedacht, Abmilderungen gewährt und multiple Argumentationen gewählt werden. Die ‚Machtproben' des Nichtbeteiligens führen nicht allein in Blockade, sondern auch in die Erprobung künftig adäquater Entscheidungsvorbereitung. Das Argument an dieser Stelle erschöpft sich also nicht in der Feststellung, dass die Mitglieder Möglichkeiten besitzen, sich wirksam struktureller Änderungen zu erwehren. Mehr als das verdeutlicht es die Funktionalität resistenten Verhaltens für die Entwicklung der MO, in der es immer wieder darauf ankommt, mit jedem neuen Mitglied nationalspezifische Entscheidungsfragen auf Dauer zu integrieren.

Die elementare Besonderheit von Entscheidungen der EU liegt darin, dass der hohe Einstimmigkeitsbedarf den Modus des Vertrags bedingt. Entscheidungsfindung in der EU wird erheblich über Vertragsschluss konditioniert. Wie voraussetzungsvoll und umständlich Vertragsentscheidungen sind wird deutlich, lässt man sich abermals auf den Vergleich mit individuenbasierten Organisationen ein: Der einzig formalisierte Kontrakt zwischen Arbeitsbetrieben und ihren Mitgliedern wird im Anstellungsvertrag realisiert (Luhmann 1964, S. 39 ff., 59 ff.). Dieser Mitgliedschaftsvertrag hat besonders für die Organisation beträchtliche Vorzüge: er wird regulär einmalig für ein einziges Mitglied eröffnet, kann für jedes Mitglied aber andersartig konditioniert sein. Die unspezifische Umsetzung erstreckt sich für den Einsatz des Mitglieds als Arbeitskraft auf ein breites Spektrum geeigneter Bereiche. Ferner basiert der Vertrag auf einem *einseitigen* Weisungsrecht gegenüber dem Mitglied und kann zeitlich befristet werden.

Die Individualmitglieder selbst haben in hierarchisch formatierten Normalorganisationen nur mittelbare Möglichkeiten, individuell motiviert auf Entscheidungen der Organisationen (über ihre Organisation) Einfluss zu nehmen. Es mag
Betriebs- und Personalräte und den Einfluss des mittleren Managements (Walgenbach 1994) gegenüber Vorständen geben. Es mag beträchtliche Quellen (mikro-)
politischer Macht (Dörrenbächer und Geppert 2009; Willner 2011) in Organisationen geben. All das sind, wenn auch einflussreiche, so doch explizit gesonderte
Stützinstanzen und Begleiterscheinungen der Entscheidungsfindung, die von den
Vorbedingungen der Entscheidungsfindung in einer MO abweichen.

Die Mitglieder der MO haben sich zumeist einmalig für ihre Mitgliedschaft
entschieden. Man mag sie daran erinnern und sie bitten und drängen, Obligatio-
nen und Rücksichtnahmen, die in ihrer Entscheidung gründen, auch dauerhaft zu
beachten. Doch organisatorisch findet indirekt eine fortlaufende *Neubegründung*
oder Neuverhandlung der Mitgliedschaft durch Vertragsentscheidungen statt. Die
Konditionen der Mitgliedschaft werden selbst zur Verhandlungssache. Nicht also
die Organisation hat mit ihren Mitgliedern einmalige und nur gering abänderbare
Entscheidungen für eine unbestimmte Zukunft (so der Fall von Unternehmen)
getroffen. Nicht die Organisation hat faktisch vorentschieden, was dereinst noch
zu entscheiden sein wird, wie es für individuenbasierte Organisationen zu sehen
ist. In der Metastruktur der EU kommen Vorentscheidungen für die Zukunft ent-
scheidungsschwach zustande, weil alles Entscheiden als Verhandlung, als Geben
und Nehmen, letztlich nur im Modus von Politik – Lagerbildung und Mehr-
heitsfindung – geschehen kann (Mayntz 2014, S. 296). In Organisationen gibt es
kein Entscheiden ohne Modifikation vorangehender Entscheidung – bei, mit und
indem sogleich wiederum künftiges Entscheiden antizipiert wird (Luhmann 1966,
S. 25). Es ist zu erwarten, dass Vor- und Nachbedingungen allen Entscheidens in
metastrukturellen Gebilden umso komplexer gelagert sind.

Es ist insofern Ausdruck einer rhetorisch vorteilhaften Vereinfachung, spricht
man lapidar von ‚Entscheidungsdefiziten' oder ‚Entscheidungsschwächen' der
EU. Es steht stets die zu beantwortende Frage im Raum, wonach Probleme und
Schwächen zu bemessen sind. Ein Problem ist noch kein Defizit. In einer organisationswissenschaftlich informierten Betrachtung wird nach den Voraussetzungen
und der Qualität des Entscheidbaren, überhaupt nach Modalitäten der Entscheidung gefragt. Dies führt in Angelegenheiten der MO zu der Einsicht, dass entsprechende Gebilde Entscheidung nur als die konsequente *Verhandlung* von
Vorentscheidungen, im Fall der EU als relativ diametrale Interpretationen dieser
Vor- und künftiger determinierter Folgeentscheidungen behandeln können: Währungsunion oder Schuldenunion? Grenzsicherung oder humanitäre Hilfe? Wirt-
schaftsgemeinschaft oder Kulturprojekt?

Zugespitzt könnte man sagen, dass die ‚Wahrheit' des Entscheidens innerhalb der EU allein darin besteht, dass sie auf fortlaufende Reinterpretationen, wenn nicht Fiktionen des schon (oft genug: knapp, vage, diffus) Entschiedenen angewiesen ist; und dass mit jeder Herausforderung des Neu-Entscheidens diese Reinterpretationen und Fiktionen variiert werden. Es kann in solchen *Entscheidungsketten* eines nicht mehr geben: die Gewissheit, Entscheidungen als *entscheidende* zu erinnern.

So betrachtet, könnte der Eindruck naheliegen, funktionale Effekte des an sich problematisch erscheinenden Konsensprinzips böten sich als Vorteile allein für die Mitgliedstaaten selbst. Die Entscheidungen von MO, so könnte man meinen, unterliegen stets potenziellen ‚Erpressungsversuchen' der Mitglieder. Diese Taktiken mögen in der MO kreativ genutzt werden. In hierarchisch koordinierten Organisationsstrukturen sind sie hingegen rudimentär und implizit anzutreffen. Jeder Versuch der Mitglieder, die Organisation für eigene Zwecke unter Androhung von Opposition dienstbar zu machen, kann mit Verweis auf die Mitgliedschaftsregel sanktioniert werden: Abmahnung und Kündigung. Individualmitglieder können kaum offensiv gegen ihre Organisation agieren, um sich damit Vorteile zu verschaffen. Die Staaten der EU indes können ihr eigenes Bündnis offen infrage stellen. Rhetorische Attacken und Aversionen sind weitgehend entkoppelt von Fragen der Zulässigkeit, erst recht aber von Ahndung und Sanktion.

Trotz alledem greift es zu kurz, diese faktisch motivierte Neigung zur ‚inneren Opposition' rein nachteilig für das Bündnis zu begreifen und die Union gar als Opfer ihrer Akteure zu beobachten. In der Metastruktur eröffnet nämlich gerade das Wissen um die erwartbaren Drohtaktiken der Mitgliedsnationen Strategien der Besänftigung wie auch der produktiven Anregung von Konflikt. So können durch die institutionellen ‚Leiter' der MO Aussichten auf besondere Vorteile gewährt werden – vor allem über Tausch: Zustimmung für das eine, finanzielle Nachlässe für das andere. Eben dies ist zu sehen im jahrzehntelang geduldeten „Briten-Rabatt" (Dingwerth et al. 2011, S. 79).

Aber auch Konfliktbeförderung bietet potenziell Nutzen für die Gesamtstruktur. Die interne Opposition- und Lagerbildung kann durch das Eingehen oder Nichteingehen auf Erpressungstaktiken willentlich motiviert oder nachsichtig ertragen werden. Das Bemühen, über Gebühr Vorteile für den eigenen Staat zu gewinnen, bleibt nicht unbeobachtet durch jene, die eigene Nachteile erwarten. Die MO hat die Sicherheit, dass zwischen ihren Mitgliedern alle Beobachtung ein für sie günstiges Maß an Unsicherheit produziert und konstant hält. Drohgebärden können mit subtilen Mahnungen, entzogener oder verstärkter Aufmerksamkeit sowie mit Solidaritäts- oder Isolationsgesten beantwortet werden. Schlicht kann auch so verfahren werden, dass vorentschieden wird, welche Drohpotenziale welcher Mitglieder überhaupt Beachtung finden sollen.

Es wird deutlich, dass die Metastruktur der EU gerade den Effekt hervor-
bringt, durch mindestens geduldete, wenn nicht zuweilen organisierte Eskalation
auf der Ebene der Mitgliedschaften, Unstimmigkeit in Entscheidungslagen so
lange delegieren zu können, bis Entscheidungsfähigkeit für die MO erreicht ist.[11]
Der Nutzen dabei: Die Gesamtorganisation wird damit gegen die Konfrontations-
oder vielmehr Beobachtungslasten ihrer Mitglieder gepuffert; und: Sie tritt überhaupt nur so als entscheidungsfähige Organisation in Erscheinung, wenn über
solche Abkühlungs- und Puffereffekte *vorentschieden* ist, was als Entscheidung
entscheidbar wird. Man könnte sagen, die EU wird als Organisation fortlaufend
rekonstruiert und gleichermaßen limitiert, insofern ihr temporär die Möglichkeit
zur Entscheidung gegeben wird. Alles andere davor und danach mag vieles sein:
Diplomatie, Dienstreise, Aktenstudium etc., aber eines nicht: Entscheidung der
Organisation.[12] Erst und allein dann, wenn Entscheidungsakte tatsächlich vollzo-
gen werden, tritt die Union als Organisation in Erscheinung.

3.2.2   Innere Allianzen und Koalitionen

Wenn wir nun einesteils feststellen, dass kaum eine disziplinarische Koordination
der Union existiert; und anderenteils sehen, welche durchaus nützlichen Effekte
gerade aus diesem Umstand herrühren, so ist damit mitnichten gesagt, dass in
der Metaordnung der EU nicht auch Formen des Hierarchieersatzes bestünden.
Konkret ist von dauerhaften Allianzen und temporären Koalitionen zu sprechen,
die eine interne Konfrontationsstruktur herausbilden und insofern als problem-
orientierte Substitution formaler Rangordnung beobachtet werden können. Es ist
festzustellen, dass in der EU die Herausbildung interner Bündnisse in komplexen Entscheidungslagen hervortritt. Faktisch ergeben sich dadurch Verhältnisse,
die auf Bildung von Binnenorganisation bzw. nicht formal erklärter, aber faktisch
wirksamer Entkoppelung gegenüber der Metastruktur hinauslaufen.

---

[11] Siehe für eine ähnliche Beschreibung von Vorverhandlungen im EU-Parlament auch Haller 2009.

[12] An dieser Stelle lohnt es, die Unterscheidung zwischen administrativen und politischen
Mitgliedern (Koch 2008) zu erinnern. In der EU wird im Hinblick auf ihre administrativen
Mitglieder fortlaufend entschieden. Die Problematik der Vorentscheidung von Entscheidungen bezieht sich, wie der Mitgliedschaftsbegriff in diesem Buch überhaupt, demgegenüber
auf die politischen Mitglieder – die Mitgliedstaaten – der EU.

Es könnte zu einseitig erscheinen, wollte man zu diesen ‚abweichenden' Arrangements nur jene Gruppierungen zählen, die innerhalb der EU gewissermaßen längst eine Art ‚formale Informalität' entwickelt haben. Dennoch stoßen diese besonders ins Auge. Das gegenwärtig prominenteste der halboffiziellen ‚Binnenbündnisse' der EU ist die sogenannte „Visegrád-Gruppe" (V4), der Polen, Tschechien, die Slowakei und Ungarn angehören. Das Bündnis entstand im Zuge der Auflösung der Sowjetunion 1991 als Quasi-Ersatzkooperation für die Probleme der ehemaligen „Satellitenstaaten", die aus dem Wegfall ihrer sowjetischen Staatszugehörigkeit und ihrer damit einhergehenden jungen Souveränität hervorgingen. Der Stärkung wirtschaftlicher Kooperation galt (mindestens formal) das wesentliche Interesse (International Visegrad Fund. 2016). Früh geeint waren die Mitglieder im Ziel eines EU-Beitritts. Nach dem EU-Beitritt erfuhr das Bündnis seine bislang größte Aufmerksamkeit im Zuge der sogenannten „Flüchtlingskrise" im Jahr 2015 und der Diskussion um die Migration über die Balkanroute und die Verteilung der Geflüchteten über Kontingentsquoten innerhalb der EU. Das 25. Jahresjubiläum der Gruppe wurde zum Anlass einer Erklärung genommen, die Migrations- und Grenzsicherungspolitik fortan gemeinsam zu koordinieren und sich in wesentlichen Punkten gegen nach dortiger Ansicht ‚libertäre' mitteleuropäische Forderungen, insbesondere Deutschlands, zu richten. Ausdrücklich erklärt wurde auch, eine Stärkung der V4-Staaten gegenüber den übrigen Mitgliedern der EU anzustreben, da „der Einfluss der Mitgliedstaaten in der EU durch eine Gruppierung vervielfacht" werde, wie der tschechische Premierminister Sobotka mitteilte (zit. nach Radio Poland 2016).

Die Staaten der V4-Gruppe sind gegenwärtig verbunden im Grundsatz einer inneren Opposition: In erster Linie gegenüber allen Bestrebungen einer proportional flächenweiten Migration in die EU. Damit findet auch eine innenpolitische Abgrenzung gegenüber der Administration der Union statt. Die Gruppe behauptet sich im Modus einer partiellen ‚Exkludierung'. Das heißt, sie greift in solchen Fällen auf ihre eigene Darstellung als ‚Binnenbündnis' zurück, in denen das Gesamtbündnis nicht mit den politischen Vorstellungen der Ost-Gruppe übereinstimmt. Eine solche Konstruktion nimmt erwartbar paradoxe Züge an: Die rechtsverbindlich eingetretenen Mitgliedsländer müssen sich nicht nur nicht einer formalen Hierarchie unterordnen, sie können auch noch Möglichkeiten nutzen, mittelbar oder unmittelbar die eingegangenen Pflichten gegenüber der Union weitestgehend folgenlos unbeachtet zu lassen. In individuenbasierten Organisationen ist die Wahrscheinlichkeit der Sanktionierung solchen Verhaltens groß.

Für die EU bilden informale Binnenbündnisse eine wichtige Ressource zur Stabilisierung ihrer formalen Ordnung. Dabei ist zu sehen, dass Cliquenbildung keineswegs ein spezifisches Phänomen von MO ist. In allen Organisationstypen erfüllen Netzwerk- und Cliquenstrukturen Funktionen jenseits der Protokolle (Luhmann 1964, S. 324–331). Sie dienen in erster Linie einem beschleunigten Informationstransfer und überwinden entsprechende Kontaktbarrieren, sie nützen aber auch bei der Installation von Organisationsmitgliedern auf bestimmten Stellen, die für jeweilige Netzwerke als bedeutsam erachtet werden, um daraus wiederum Vorteile für das Netzwerk zu gewinnen. Ebenso treten Fälle ein, in denen diese ‚Seilschaften' tätig werden, um genau das Gegenteil zu erreichen: Deinstallation von unerbetenen Organisationsmitgliedern an Stellen, auf denen diese sich dem Netzwerk nicht als dienlich erwiesen haben, künftig keinen Nutzen versprechen, schadhaft für das Netzwerk wirken oder sich als Angehörige eines anderen herausstellen. Bei alldem ist die Setzung und Verhinderung von Agenden, Strategien, Projekten etc. relevant.

Was unterscheidet nun diese für Betriebe, Armeen, Universitäten oder Banken so typischen Netzwerke von jenen der MO, und zwar speziell von staatlich assoziierten wie der EU?

Erstens ermöglichen MO die Herausbildung gewissermaßen informal formalisierter oder ‚verorganisierter' Netzwerk- oder Cliquenstrukturen, da MO auf Hierarchien klassischer Prägung verzichten müssen und insofern Ersatzordnungen dulden. Zweitens erfüllen Netzwerkstrukturen in der MO eine Pufferfunktion, die deutlich über jene in klassischen Organisationstypen hinausgeht. Da die Mitgliedsorganisationen in aller Regel als einflussstark, souverän und mit Repräsentationsfassaden ausgestattet in Erscheinung treten, muss ihre Mitgliedschaft mit Bedingungen konditioniert werden, die einen diesen Voraussetzungen angemessenen Wirkungsraum ermöglichen. Es ist kaum vorstellbar, dass Staaten, die Metabündnissen angehören, ihre diplomatischen und machtzeremoniellen Instrumente (institutionelle Autonomie) nur deshalb zu limitieren bereit sind, weil sie in Organisationen eintreten, die über diese Instrumente und Einflüsse hinausragen.

Staaten begegnen einander nur mittelbar in der Form, dass sie einander Über- oder Unterlegenheit besonders zum Ausdruck brächten. Ein Kleinstaat wie Liechtenstein genießt in der Regel dieselben diplomatischen Gepflogenheiten seiner Anerkennung wie die Vereinigten Staaten von Amerika. Staaten werden durch Mitgliedschaft in Organisationen nicht automatisch zu Maklern dieser Organisationen. Sie werden rhetorisch auf die ideologische Ordnung des Bündnisses verpflichtet, allerdings ist schwer erzwingbar, dass sie diesen Bekenntnissen auch durch Handlungen konsequent nachkommen. Sie bemühen sich fallweise mehr oder weniger als Mitglied eines Bundes identifiziert zu werden. Sie wagen Abgrenzung, wenn die Entscheidungen des Bündnisses mit eigenen nationalen Interessen konfligieren.

Überhaupt sind die Ansprüche und Erwartungen von Staaten als Organisationsmitgliedern wesentlich spezifischer (Ahrne und Brunsson 2009, S. 53) als jene von Mitgliedern in Individualorganisationen, deren wichtigstes Ziel in der materiellen Existenzsicherung oder in der Zugehörigkeit aufgrund bestimmter sozialer Neigungen (Interessenorganisationen) liegt. Insofern genießen Staaten den Vorteil, die Darstellung ihrer Zugehörigkeit disponibel zu halten. Doch gleichgültig wie sie sich in Metabündnissen positionieren, ihre Mitgliedschaft tendiert grundsätzlich zur Form der Zugehörigkeit. Während Kandidaten für Organisationsmitgliedschaft in Betrieben entweder Nichtangestellte bleiben oder Angestellte werden – immer auch Persönlichkeit außerhalb dessen sind –, bleiben Staaten einzig Staaten; insbesondere fehlt ihnen persönliche Sphäre (Ahrne und Brunsson 2008, S. 112 f.). Dass sehr wohl wechselseitige Einflüsse in Angelegenheiten ihrer Identität (in und außerhalb eines Metabündnisses) wahrscheinlich sind, bleibt davon unberührt (Ahrne und Brunsson 2009, S. 50 ff.).

Dazu tritt der folgenreiche Umstand, dass die EU-Staaten allesamt *mehreren* MO zugleich angehören (Ahrne und Brunsson 2009, S. 58), deren Orientierungen durchaus inkompatibel sein können. Es kann zu konträren Erwartungskonstellationen kommen. So werden die Mitglieder der Union – und schließlich diese selbst – in zweifacher Weise konditioniert: nämlich durch innere und äußere Bündnis- bzw. Bindungskräfte.

Im Außeneindruck kann dies bei komplexen Entscheidungen zur Wahrnehmung von ‚Sprunghaftigkeit‘ und ‚Unberechenbarkeit‘ einzelner Staaten führen. Nur sind eben in dieser Mehrfachbindung wiederum Vorzüge zu sehen. Die viel gerühmte Orientierung am ‚Europäischen‘, man spricht betont unverbindlich vom ‚europäischen Gedanken‘ wie auch vom ‚Projekt Europa‘, kann über unterschiedliche Verpflichtungen und Neigungen der Mitglieder attribuiert werden: Metaphern, Erzählungen und Figuren werden benutzt, um für die jeweilig präferierte Entscheidungstendenz Legitimation zu gewinnen. Diese Form der Legitimation bleibt wiederum nicht auf die Außenkontakte und daraus resultierende Verbindlichkeiten hinsichtlich der Rolle im EU-Bündnis beschränkt. Auch in den internen Allianz- bzw. Koalitionsaktivitäten werden gewissermaßen Narrative des ‚Europäischen‘ *mit* anderen Mitgliedern, *für* eigene Interessen und eben auch *gegen* ihre Organisation in Stellung gebracht. Je nach nationalstaatlichen oder gruppenstaatlichen Interessen können zumindest befristet Opportunitäten im Sinne einer inneren Opposition die Mitgliedschaftsinteressen bestimmen. Allzumal dann, wenn einzelne Mitglieder den Verdacht bekommen oder bei anderen schüren, durch die Entwicklung der Staatenunion nachteilig betroffen zu sein oder dass ihnen maßgeblich andere Konditionen der Mitgliedschaft aufgedrängt würden, als sie zum Zeitpunkt des Beginns der Mitgliedschaft zu akzeptieren bereit gewesen wären.

Die innere Oppositionsbildung dient zwar der Durchsetzung von Interessen und Prioritäten. Es wäre aber zu simpel, primär offensive, scharfe Taktiken vor Augen zu haben. Markante Zuspitzungen, wie sie zum Beispiel rhetorisch während der sogenannten ‚Griechenlandkrise' auftraten, bewirken sicher mit der Zeit einige Beeinträchtigungen hinsichtlich des Respekts und der Akzeptanz des offiziellen Bündnisses. Aber letztlich sind es die binnenpolitischen Taktiken und Spiele, die sich als wirksam und hinnehmbar erweisen.

Aus dem Vorangehenden ließe sich voreilig ableiten, dass interne Bündnisse allein zur nützlichen Gestaltung von Rivalität und Interessendivergenz lanciert würden. Diese Verhältnisse lassen sich aber noch um eine weitere Dimension ergänzen, nämlich jene der Befried(ig)ung sowohl innerer als auch äußerer Erwartungen und zur Kompensation von Rivalität in der Union selbst. Üblicherweise werden solche außerplanmäßigen und kurzfristigen, abweichend erscheinenden Aktivitäten als ‚Sondertreffen' oder ‚Krisengipfel' gestaltet, mit denen ein Spagat zwischen offizieller Organisation und inoffiziellen Austauschoptionen bewältigt werden soll. Den entsprechenden Ereignissen ist eine geradezu autosuggestive Funktion zu bescheinigen. Sie werden nämlich als Riten der Beschwörung künftiger Besserung und zur Ankündigung neuer Maßnahmen veranstaltet. Ihr Charakter ist der erbaulicher Besinnungs-, Visionsmitteilungs- und Gedenkrunden. Es geht um „Talk" (Brunsson 1989b). Üblicherweise werden hiernach Reformen in Aussicht gestellt, deren Ankündigung primär dazu dient, die Ankündigung selbst als das Ergebnis einer unverbindlich verbindlichen Diskussion zu präsentieren, ohne dafür auch schon die Folgen differenziert diskutiert haben zu müssen.[13]

3.2.3   Fazit

Die politische Einbindung der Mitgliedstaaten in die EU bedingt gegenüber Normalorganisationen beträchtliche Abweichungen hinsichtlich Entscheidungsfindung und innerer Koordination. Fällt Hierarchie als Strukturmerkmal aus,

---

[13] Dass Konferenzen als Verfahren allerdings auch dazu dienen können, Entscheidungen herzustellen und mit Legitimität zu versehen, zeigt Heintz (2014). Für Luhmann (2002, S. 247) erfüllt „Darüberreden" in der Politik eine wichtige Funktion: „Die Probleme werden als Probleme behandelt mit einer Präferenz für unlösbare Probleme (…), über die man folgenlos reden kann, weil ohnehin nichts Effektives geschehen kann".

kommen formale und informale Abläufe zustande, die einerseits dieses Fehlen kompensieren, andererseits Möglichkeiten der Aushandlung und Kompromissbildung für die Beteiligten zumutbar eröffnen. Wichtig erscheint es dabei, die wechselseitigen, auch konträren Dynamiken des Hierarchieersatzes zur Stabilisierung der Metastruktur ins Auge zu fassen. Gegenseitige Beobachtungen zwischen den Mitgliedern und ihrem Bündnis können einerseits notwendige Beteiligung und Entscheidungsfähigkeit aktivieren, andererseits aber auch hemmen. Die Frage ist insbesondere, inwieweit für die Mitglieder fortlaufend Möglichkeiten bestehen bleiben, die eigene Zugehörigkeit für und gegen die Formalstruktur der MO zu positionieren; und welche Ausprägungen des ‚Unterlebens‘ in dieser Organisation aus taktischen Erwägungen opportun und erträglich erscheinen dürfen, ohne alles Entscheiden von Cliquen abhängig zu machen.

Zieht man aus alledem die Summe, so ist zu sehen, dass Organisationszugehörigkeit für die EU-Staaten zu großen Teilen über schwache Rückbindung an Formalstruktur erfolgt, ja Eintritt in dieses Metabündnis – das den Anliegen von Staaten nicht nur nutzen, sondern auch widerstreben kann – nur so gelingt.

3.3 Zweckdiffuse Zwecksetzung

Im letzten Abschnitt befassen wir uns mit der Frage der Zwecke in der EU. Wie bereits zu Beginn der Arbeit herausgestellt, ist eine Problematik von MO, Zwecksetzungen in *einer* für alle (Teil-)Organisationen annehmbaren Weise zu realisieren. Zwecke werden in der EU vornehmlich als Werte realisiert, richtigerweise müsste man sagen ‚illustriert‘. Dies führt zu Konkurrenz, Veränderung und Erweiterung der Werte und deren Maßstäbe. Wir sprechen zugespitzt von ‚zweckdiffuser Zwecksetzung‘.

3.3.1 Die Wertorientierung der EU

Bereits in Normalorganisationen ist Zwecksetzung alles andere als trivial. Jede Zwecksetzung muss auf Dauer gestellt werden, um die Organisation definier- und legitimierbar gegenüber relevanten Anspruchsgruppen zu halten (Luhmann 1964, S. 108 f.). Dies ist problematisch, da die Bedingungen der Organisation sich so weit verändern können, dass die Zwecksetzung angepasst werden muss.

Es können Fälle eintreten, die es erforderlich oder möglich machen, nicht mehr bspw. allein die Produktion und den Vertrieb von Backpulver und Puddingrezepturen als ‚zweckmäßig' anzusehen, sondern den Zweck der Organisation auf die Vermarktung auch von Versicherungen und Bier zu erweitern. Das sogenannte Portfolio, also der Rahmen der Organisationszwecke in Betrieben, kann sich erheblich verändern, je nach erwarteten Marktanteilen, der Branchenentwicklung oder Konsumgewohnheiten. Eine Genese der Zwecke kann auch dazu führen, dass Organisationen nicht nur einen ‚Change' ihrer bisherigen Abläufe und Strukturen erfahren, sondern sich ihre Identität nach und nach verändert. Dies ist nicht risikolos, können doch eben durch die profitabel erwartete Änderung der Zwecke Gefahren für die Refinanzierung, für die Etablierung in Märkten und schlicht auch für den ‚Markenkern' selbst und damit den Rückhalt von Seiten relevanter Anspruchsgruppen entstehen.

Es bedarf keiner großen Fantasie, zu ahnen, welche Folgen Zweckveränderungen für solche Organisationen ergeben, die erstens auf ohnehin minimal definierten Zwecken basieren, zweitens auf hohe Akzeptanz der Zwecke durch all ihre Mitglieder angewiesen sind und drittens sich zudem Druck ausgesetzt sehen, zum Erhalt der eigenen Organisation deutliche Veränderungen der Zwecksetzung in Gang zu setzen, die wiederum die Zweckerwartungen der Mitglieder tangieren, und von diesen daher gehemmt werden können.

Diese Konstellation betrifft typisch MO und anschaulich die EU. In dieser ist nämlich die Besonderheit zu sehen, dass ihre übergeordneten Zwecke *Werte* sind. Werte sind wiederum institutionalisierte normative Erwartungen, die in hohem Maße konsensfähig sind und für die es charakteristisch ist, dass nur schwerlich Aussagen über ihre erforderliche Priorisierung gemacht werden können (Luhmann 2008, S. 88 f.). Beispiele dafür sind leicht gefunden: eine wettbewerbsfähige Wirtschaft und Umweltschutz finden politisch breite Zustimmung. Aber verbindlich zu entscheiden, ob das eine oder das andere wichtiger sei und damit im Zweifelsfall vorzuziehen wäre, erscheint als schwieriges Unterfangen.

Die meisten Organisationen sind bemüht, Zwecksetzungen präziser zu wählen, als dass sie nur als Werte und damit auslegungsfähig erkannt werden könnten. Zwar wird man selbst in großen Konzernen keine Handbücher finden, in denen qua ‚Ordnung' festgelegt wäre, welche Zwecke die Organisation auf Dauer verfolgt. Doch die Besonderheit wirtschaftlicher Organisationen besteht darin, dass diese auf eine Refinanzierung am Markt angewiesen sind. Die Zwecke der Unternehmen stehen mittelbar in ihren Bilanzen, in Aktionärsberichten und Quartalszahlen. Für die MO EU sind Zwecke in höherem Maße entscheidungsproblematisch, da sich alle Teilstaaten auf einen fragilen Kompromiss über bestehende und künftige Zwecke einigen müssen. Jede Veränderung derselben, soweit diese in die Voraussetzungen der Organisation hineingreift, gefährdet potenziell den Kompromiss und damit die Existenz – insbesondere, da die Mitglieder der EU trotz ihres folgenreichen Bündnisbezugs gleichzeitig hinsichtlich aller Zwecksetzungen weiterhin *national* orientiert bleiben (Mayntz 2014). Diese Verbindung von Organisationszweck und teilstaatlichen Motivationen erschwert es, bestehende Zwecke zur Disposition zu stellen. Würde dies erwartet, müssten alle Teilstaaten die Fähigkeit zeigen, sich auf fortlaufende Zwecksynchronisierung einzulassen. Dies wird aber schon dadurch erschwert, dass die Mitglieder ihre Zweckakzeptanz innerhalb der EU wiederum an Legitimation durch ihre Nationalpolitiken rückbinden müssen, über Wahlen, Referenden, Parlamentsbeschlüsse und Administration. Zweckveränderung wird also mehrfach gehemmt: zum einen durch die begrenzte Stabilität eingegangener und bisher definierter Zwecksetzung, zum anderen durch die Schwierigkeit, 28 Erwartungskonstellationen auf die Reformulierung von Zwecken abzustimmen; drittens durch die noch größere Schwierigkeit, von 28 Mitgliedern 28 nationalpolitische Legitimationen zur Zweckveränderung einholen zu lassen.

Die Zwecksetzung der EU ist wertorientiert verankert, um hohe Akzeptanz wahrscheinlich zu halten. Dies bedeutet, dass die Ausführung und Fortschreibung genereller Zwecke stets dem Minimalprinzip folgt. Es handelt sich bei der Formulierung der Werte der EU um Erwartungen, über die ihrerseits Verschiedenes erwartbar bleibt. Die Mitglieder müssen zwar bei ihrer Aufnahme eine Vereinbarkeit mit dem allgemein definierten Zweck sowie den politischen, rechtlichen und wirtschaftlichen Standards des Bündnisses aufweisen, allerdings muss ihnen ebenso die Sicherheit gegeben werden, dass jede künftige Zweckänderung erstens ihre Zustimmung voraussetzt und zweitens Möglichkeiten der Variation eröffnet.

Anschaulich illustriert dies der einleitende Artikel der zwar ratifizierten, aber aufgrund ablehnender Referenden der Niederlande und Frankreichs nicht in Kraft getretenen EU-Verfassung. Explizit geht es darin um „Werte der Union" (Achtung der Menschenwürde, Freiheit, Demokratie, Gleichheit, Rechtsstaatlichkeit etc.) die dann fließend übergehen in ihre Ziele. Art. I-3 (1) betont das Ziel der Union, „den Frieden, ihre Werte und das Wohlergehen ihrer Völker zu fördern". Art. I-3 (2) erwähnt einen „Raum der Freiheit, der Sicherheit und des Rechts". Folgend geht es dann u. a. um „unverfälschten Wettbewerb", „nachhaltige Entwicklung", „Preisstabilität" usw. (Läufer 2005). Im Tenor findet sich dies im EU-Vertrag wieder. Dort heißt es in Art. 3: „Ziel der Union ist es, den Frieden, ihre Werte und das Wohlergehen ihrer Völker zu fördern" (EUV, Art. 3). Der werthaltige Charakter und die Chancen auf hohe Zustimmungsfähigkeit dürften deutlich werden. Die Vielfalt der Wertaussagen führt nun in zwei Folgeprobleme: Wertkonkurrenz und Werterweiterung.

Wird gesehen, dass sich für die EU eher Werte anstatt zu enge und konkrete Zwecksetzungen funktional anbieten, so ist damit die Schwierigkeit nicht überwunden, dass wiederum Werte Entscheidungen über ihr Relevanzverhältnis erfordern; womöglich in unterschiedlichen Entscheidungslagen auch *konkurrierend.* Die EU kann schwerlich Entscheidungen darüber treffen, welche Werte gegenüber anderen generell als besonders bedeutsam anzuführen sind. Ihre Werte existieren nebeneinander und es ist eine Frage der Perspektive und der Situation, schlicht der Opportunitäten (und des Opportunismus), welche Werte vorzuziehen sind. Zwar können Freiheit, Frieden und Wohlstand als politische Narrative für jede Bestimmung von Priorität angeführt werden. Die Voraussetzungen dafür sowie die Folgen daraus erreichen aber eine Komplexität, die nahezu unvermeidbar Wertkonflikte evoziert. Unspezifisch bleibt, welche Bezugskriterien für diese werthaltigen Narrative herangezogen werden. Jede Konkretion schränkt die Zustimmungsoptionen für die Mitglieder ein und wirft die Frage auf, ob diese bei veränderten Wertsetzungen im Bündnis verbleiben.

Eine Reaktion der EU kann darin gesehen werden, dass sie Gelegenheiten einer spezifischen Ausführung der Folgen ihrer Werte meidet. Durch juristische Delegation in die Mitgliedstaaten werden Probleme der Wertkonkurrenz intern externalisiert. Zugespitzt formuliert ist es für die MO EU hilfreich, auf Detaillierung von Werten zu verzichten: einerseits, um hintergründig bestehende Problemlagen möglichst latent zu halten, andererseits um Druck auf die Mitglieder zu meiden.

Damit verbunden ist das Problem der *Werterweiterung.* Es können aus politischen Gründen Konkretisierungen der Werte erforderlich werden, die sodann den Mitgliedern bewusst machen, wie sehr sich seit ihrem Eintritt die vereinbarte wertmäßige Zwecksetzung in einer Weise entwickelt hat, die den Verbleib nachteiliger erscheinen lässt als ein Ausscheiden aus der MO. So kann es bspw. sein, dass die Wertbestimmung primär einer Handelspartnerschaft allmählich stärker auf Aufgaben der Sozialstaatlichkeit erweitert wird.

Ein Beispiel: Ein Staat erwägt die Mitgliedschaft in der EU deshalb, weil er das Bündnis für seinen Außenhandel als nützlich betrachtet. Äußere und innere politische Kräfte können es erforderlich machen, dass das Bündnis nicht nur wirtschaftliche und währungspolitische Rahmensetzung verfolgt, sondern mit der Zeit Einfluss auf nationale sozialrechtliche Regulierung ausübt. Möglicherweise sieht sich das Bündnis gezwungen, seine Mitglieder finanziell mehr in Anspruch zu nehmen, als dies den nationalstaatlichen Vertretern beim Eintritt jemals akzeptabel erschienen wäre. Der Mitgliedstaat kann daraufhin kraft Einschätzung seiner Bevölkerung oder seiner politischen Administration zu dem Urteil gelangen, dass für ihn die Zwecke in einer nicht weiter zumutbaren Weise erweitert worden und nach seinen Voraussetzungen nicht mehr zu bewältigen sind und daher den Austritt anstreben.

Die offensichtlichste Problemstelle liegt für jede Zweckänderung der EU aber in dem Erfordernis, dass die Mitglieder zwar auf Dauer ihrer Wertegemeinschaft angehören sollen, aber durch nationalpolitische Legitimation diese Zusage immer nur vorläufig gewährt werden kann. Deutliche Änderungen der nationalpolitischen Partei- und Regierungskräfte – man spricht von ‚Euroskeptizismus' und ‚EU-Kritikern' – führen dazu, dass bestehende Zweckakzeptanz auch widerrufen oder doch in einer Weise relativiert werden kann, die die Verabredungen der MO und diese insgesamt zu destabilisieren droht. In solche Lagen gebracht, fällt es – wie gegenwärtig zu sehen ist – der Kompromissorganisation EU schwer, Antworten, geschweige denn Zugeständnisse für entsprechende ‚Risikomitglieder' zu finden.

3.3.2 Konfliktpotenziale von Zwecken und deren Erfüllung

Die MO EU weist dementsprechend eine Reihe Besonderheiten auf, die mit ihrer werteorientierten Zwecksetzung einhergehen. Zum einen muss sie ihre Zwecke kompatibel zu den Zwecken ihrer Mitglieder halten. Da Staaten ebenfalls zu wertorientierten und diffusen Zwecken neigen (Luhmann 1968, S. 149), kann eine Kompatibilität in der Regel – fragil – gewährleistet werden. Gelingt dies nicht, werden Aushandlungsprozesse nötig, die den Verbleib des Mitglieds in der Organisation erlauben, ohne die Zweckidentifikation aller anderen Mitglieder zu beeinträchtigen. Die Orientierung an Werten ist dahingehend nützlich, als dass sie Einigung auf einem hohen Niveau der Unbestimmtheit ermöglicht und damit in ihren Auswirkungen ggf. mehr oder weniger folgenlos bleiben kann.

Dies gilt insbesondere in der Auseinandersetzung über die Auslegung oder Präferenz der Organisationszwecke zwischen den Mitgliedern selbst, da sich die dauerhafte Etablierung von Werthierarchien auch in Organisationen als nicht formalisierbar erweist (Luhmann 1964, S. 240). Diese Form von Konflikten ist für die Organisation nicht entscheidbar, zumindest nicht in einer Art und Weise, die Orientierung in vergleichbaren zukünftigen Situationen ermöglicht. Dies mag für einzelne Mitglieder frustrierend sein, birgt aber einen entscheidenden Vorteil für die Organisation, da der Konflikt weder dauerhaft zugunsten der Mitglieder, aber eben auch nicht grundlegend gegen diese entschieden werden kann.

Es ist ferner auf den Aspekt der Zweckerfüllung hinzuweisen, da dieser in der besonderen Konstellation zwischen MO und ihren Mitgliedern ein deutlich höheres Konfliktpotential bergen kann, als in klassischen individuenbasierten Organisationen.

Mitglieder von MO haben, da sie eben auch Organisationen sind, mit dieser grundsätzliche Gemeinsamkeiten. Werden die Schnittmengen, bspw. hinsichtlich der Organisationszwecke oder Aufgaben, allerdings zu groß, kann es zu Konflikten zwischen der MO und ihren Mitgliedern kommen. Der Grund liegt im Autonomiebestreben beider Seiten. Organisationen können sich nur dann als solche behaupten, wenn sie einen gewissen Grad autonomen Entscheidens aufrechterhalten können (Kerwer 2013, S. 42). Mitglieder von MO müssen daher, wollen sie den eigenen Fortbestand sowie den Fortbestand der MO sichern, stets in zweierlei Hinsicht Maß halten. Sie müssen der MO Autonomie übertragen, damit diese überhaupt als Organisation wahrgenommen werden kann und gleichzeitig ein eigenes Maß an Autonomie bewahren, das ihren eigenen Fortbestand sichert (Ahrne et al. 2016; Ahrne und Brunsson 2012, S. 62).

Für die Mitgliedstaaten ergibt sich daraus ein grundlegender Konflikt: Wird die Union zu erfolgreich darin, kollektiv bindende Entscheidungen für ihre Mitglieder herzustellen und Aufgaben zu erfüllen, für die bisher die Nationalstaaten zuständig waren, drohen Autonomiekonflikte (Mayntz 2014, S. 300). Demnach kann hierin eine Funktion des Subsidiaritätsprinzips gesehen werden, welches der EU Zuständigkeiten in manchen Fragen zuschreibt und andere davon ausnimmt und damit eine Möglichkeit darstellt, Autonomieansprüche zwischen der Union und ihren Mitgliedstaaten auszutarieren, was hinsichtlich Zuständigkeitsfragen zu stetiger Aushandlung führt (Ahrne und Brunsson 2005, S. 442).

Insofern ist für staatliche Mitglieder Mitgliedschaft nur solange ‚zweckmäßig‘, wie es ihnen gelingt, Mitgliedschaftszwecke und Zwecke der EU voneinander sowohl different, als auch zueinander additiv zu halten. Gelingt dies nicht mehr, und werden Staatlichkeit einerseits, Organisationsbezug andererseits zunehmend homogen, bedeutet dies in letzter Folge den Wegfall des Zweckes des Staates *als* Staat. In dieser Lage gäbe es nur eine Konsequenz: die Auflösung gleichermaßen der *Organisation EU* wie auch ihrer Republiken zugunsten der Begründung eines *europäischen Staates* (Ahrne und Brunsson 2012, S. 69 f.).

3.3.3 Fazit

Die EU, deren Zwecke maßgeblich auf Werten beruhen, ist mit einer Reihe von wertbegründeten Folgeproblemen wie auch der fehlenden Möglichkeit der Orientierung des eigenen Handels an ihrem Organisationszweck konfrontiert. Gleichzeitig ermöglicht der Wertebezug der EU-Organisation Zustimmungsfähigkeit, sowohl gegenüber unterschiedlichen Adressaten in ihrer Umwelt (bspw. andere internationale Organisationen oder potenzielle Beitrittskandidaten) als auch gegenüber ihren Mitgliedern. Im Fall der EU zeigt sich die Wahl von Werten als *zweckdiffuse Zwecksetzung* als geeignetes Mittel, unterschiedlichste Mitglieder und ihre Interessen unter gemeinsamen Organisationszwecken zusammenzuführen. Dass diese hierbei divergenten Auslegungen oder Prioritäten unterliegen können, ermöglicht die grundsätzliche Einigung zwischen Mitgliedern, sich zu diesen Zwecken zusammenzuschließen.

Gleichzeitig kann die Erfüllung von Zwecken in MO zur Quelle von Konflikten hinsichtlich der Autonomie ihrer Mitglieder werden. Gelingt es der EU, die Entscheidung über grundlegende Fragen und Aufgaben ihrer Mitgliedstaaten in ihren Zuständigkeitsbereich zu verlagern, kann dies zu Autonomiekonflikten zwischen MO und Mitgliedern führen, da letztere in Argumentationsschwierigkeiten in Bezug auf ihre nationale Relevanz geraten. Umgekehrt können die Mitglieder der MO auch nicht sämtliche Entscheidungskompetenzen verweigern, da ebendies potenziell die Autonomie der EU und damit ihren Fortbestand als Organisation gefährdet.

Betrachtet man die Organisationszwecke der EU also im Zusammenspiel mit ihren Eigenschaften als MO, wird deutlich, wie der Bezug auf Werte funktional für die Union wirken und wie die Erfüllung von – möglicherweise im Verlauf der Mitgliedschaft hinzugekommenen – Zwecken, sind diese denen ihrer Mitglieder ähnlich, zu Autonomiekonflikten zwischen der MO und ihren Mitgliedern führen kann.

Zusammenfassung und Ausblick 4

In dieser Einführung ging es uns darum zu zeigen, welche organisationstheoretischen Einsichten gewonnen werden können, wenn man sich der EU mit dem Ansatzes der MO widmet. Die daraus resultierenden Erkenntnisse sind, so unser Eindruck, insbesondere in der aktuellen Diskussion um Reformen der EU unterrepräsentiert und könnten wertvolle Impulse liefern. Diese liegen allerdings ausdrücklich nicht in der Empfehlung ‚richtiger' Maßnahmen oder Entwicklungsprognosen, sondern vor allem darin, die EU als Organisation und damit ihre strukturellen Besonderheiten sowie zentrale Problemstellungen zu verstehen.

Hierbei wurden aus einer systemtheoretischen Perspektive zentrale Elemente von Organisationen – Mitgliedschaft, Hierarchie und Zweck – in den Mittelpunkt gestellt und vor dem Hintergrund des Ansatzes der MO auf ihre spezifischen Eigenarten im Kontext der EU hin geprüft; zur Verdeutlichung immer wieder im Kontrast zu Normalorganisationen.

Bezüglich der Mitgliedschaft in der EU wurde herausgearbeitet, dass bei Entscheidungen über Ein- und Austritte Handlungsspielräume eine wichtige Rolle einnehmen. Diese ermöglichen es der MO das Beitrittsverfahren individuell an den jeweiligen Beitrittskandidaten anzupassen und die Entscheidung vor allem als *politische* zu treffen. Ferner ist hinsichtlich des Austrittsverfahrens zu beobachten, dass dieses stark mit Unsicherheit belastet ist, da die konkrete Ausgestaltung des Verfahrens sowie seine Inhalte weitgehend undeutlich bleiben und somit Austritte erschweren.

Blickt man auf den Aspekt der Hierarchie, wird ersichtlich, dass Informalität innerhalb der EU hochrelevant ist. Konsentscheide erfüllen unter anderem die Funktion, Konflikte in der MO zu meiden, die nicht wie in Normalorganisationen durch Hierarchie gelöst werden können. Fehlende formale Hierarchie ist es auch, die die Akzeptanz informaler Lagerbildung in der EU motiviert. Diese kann

© Springer Fachmedien Wiesbaden GmbH 2017
M. Schütz und F.-R. Bull, *Unverstandene Union*, essentials,
DOI 10.1007/978-3-658-17149-0_4

ebenfalls funktional für die MO wirken, indem durch sie Entscheidungsmöglichkeiten vorstrukturiert werden.

Als weiteres Element wurden die Organisationszwecke der EU betrachtet. Auffällig ist vor allem, dass die übergeordneten Zwecke der EU durch Wertformulierungen beschrieben werden. Dies führt in der MO vor allem zu zwei Problemstellungen. Zum einen können die Zwecke, da ihre Akzeptanz Voraussetzung für die Mitgliedschaft der EU-Staaten darstellt, kaum oder nur schwer geändert werden. Gleichzeitig ist es die Anbindung der Aufgaben an Werte, die die dauerhafte Zustimmungsfähigkeit aller Mitglieder sowie potenzieller Beitrittskandidaten auch bei unterschiedlichen Interpretationen ermöglicht. Zudem ist es der metaorganisationale Charakter der EU, der auch die übermäßige Erfüllung von Zwecken in der Union zum Problem werden lassen kann. Ähneln sich die Zwecke zwischen MO und Mitgliedern zu sehr, können Autonomiekonflikte die Folge sein, die destabilisierend wirken. Es ist demnach das Beharren auf Autonomie aller Beteiligten, das ein Gleichgewicht zwischen der EU und ihren Mitgliedstaaten erfordert. Dies kommt z. B. in ihrer Politik der Erweiterung *und* Vertiefung zum Tragen, die für bestimmte Mitglieder eine Schmälerung ihrer „Integrationsdividende" (Mayntz 2014, S. 301) bzw. ihrer Einflussmöglichkeit bedeuten kann.

Wir haben dargelegt, was gesehen werden kann, wenn die EU als Organisation in den Analysefokus gerückt wird. Sichtbar wird einesteils, wie robust, ja resistent sich organisatorische Eigenheiten im Gebilde der MO erweisen. Andernteils können wir sehen, wie sehr eben diese Eigenheiten untereinander korrespondieren und wie voraussetzungsvoll und folgenreich es erscheint, mit Maßnahmen der politischen Umgestaltung (Re-Form) in diese Binnendynamik zu intervenieren, die in dem Autonomieanspruch der Akteure auf starke Beharrungsbestrebungen trifft.

Ein weiterer Punkt, der durch diesen Band betont wird, betrifft die *Sichtweise* auf Organisation selbst. Was wird vorangenommen, wenn wir von Organisation der EU sprechen? Welche soziale Konstruktion der Organisation prägt die Erwartungen – allzumal jene politisch interessierter Bürger? Eine These unserer Analyse ist, dass die Organisation der EU primär bezüglich ihrer politischen Belange und daher als *funktionale* Organisation wahrgenommen wird. Funktionale Organisation ist alles, was unter der Perspektive von Planung und Steuerung fassbar wird. Es ist die verwaltungswissenschaftliche oder betriebswirtschaftliche Erwartung an Organisation. Aber eine ganz andere Erwartung ist jene, die auf Organisation als eigenständiges System hinausläuft. Diese organisationswissenschaftliche Perspektive nimmt die organisationsinternen Strukturen und Prozesse in den Blick, die spezifische Folgen und Problemstellungen mit sich bringen.

Dies führt uns drittens zu dem Punkt, wie in der MO EU *Veränderung* erwartet werden kann. Folgen wir den Befunden einer am Konzept der MO orientierten

Analyse, so kann jede Antwort nur diffus ausfallen. Denn es ist viel eher zu fragen, für *und* gegen wen Veränderung in der EU vollziehbar ist. Die Konstruktion einer MO mit staatlicher An- bzw. Einbindung, die sich auf das Wagnis einlässt, autonome Staaten zu Teilen ihrer selbst zu machen – et vice versa – bleibt gegenüber regulären Organisationen stets paradox (Ahrne et al. 2016). Das Besondere der Mitgliedschaft in der EU dürfte sein, dass man mehr von Mitgliedschaftsorganisation als von Organisationsmitgliedschaft sprechen kann, was darauf aufmerksam macht, wie sehr die Mitglieder der MO als ‚Teilhaber' in Erscheinung treten. Qua Eröffnung von Mitgliedschaft sind Mitglieder auch Eigentümer.

Eine Schlussfolgerung dieses Bandes besteht daher darin, dass eine organisationswissenschaftliche Betrachtung helfen kann zu erfassen, was zur Erwartungsenttäuschung in Fragen der EU beiträgt. Es sind zum Teil die spezifischen Eigenschaften der EU als MO, die Entscheidungsfindung erschweren und elementaren Wandel unwahrscheinlich werden lassen. Gemeinsames inter- oder supranationales Entscheiden wird, so diese Entscheidungszusammenhänge ‚verorganisiert' sind, durch die Bedingungen und Eigenheiten des organisationalen Rahmens mitdeterminiert.

Doch damit ist das Potenzial organisationswissenschaftlicher Studien zur EU im Speziellen und zu staatlichen internationalen Organisationen im Allgemeinen nur angedeutet. Im Anschluss an die formulierten Überlegungen ergeben sich Forschungsperspektiven, die Einsichten für ein tiefergehendes Verständnis der Union bergen.

Neben den in der Diskussion hier ausgeklammerten Elementen der EU-Kommission und des EU-Parlaments ist unserer Ansicht nach vor allem eine weitergehende Auseinandersetzung mit den Mitgliedern der Mitglieder von MO vielversprechend. Im Fall der EU sind dies die Unionsbürgerinnen und -bürger, die nicht nur ihren Nationalstaaten maßgeblich Legitimation verleihen, sondern eben auch der Union. Gleichzeitig ist ihre Rolle – direkte Einwirkung findet vor allem über das EU-Parlament statt – in den dargestellten Entscheidungsprozessen marginal. Das Verhältnis zwischen der EU und ihren Bürgerinnen und Bürgern kann daher in Teilen als *Schattenmitgliedschaft* beschrieben werden. Diese stellt für die Mitgliedstaaten der Union eine relevante Umwelt dar, kann aber auch für die EU selbst als Bezugspunkt aktualisiert werden und – man denke nur an das Referendum zum „Brexit" – potenziell folgenreiche Entscheidungen an die MO herantragen. Dies rückt die Mittlerposition der Nationalstaaten in den Fokus, die, wie hinsichtlich des Autonomiekonflikts bei Zwecküberschneidungen zwischen MO und Mitgliedern bereits angeklungen ist, in ihrer Rolle zwischen der EU und ihren Bürgerinnen und Bürgern Legitimation und Autonomie ausbalancieren müssen.

Zudem deutet diese Perspektive auf einen weiteren Aspekt hin, den es für die EU in den Blick zu nehmen lohnt. Diese muss als Organisation gegenüber ihren

Umwelten multiple Erwartungen erfüllen. Neben den bereits angesprochenen Mitgliedern und Schattenmitgliedern ist hierbei vor allem auch an andere internationale Organisationen oder Staaten – wie im Fall von Freihandelsverträgen – zu denken. Dies unterscheidet die Union zunächst nicht von herkömmlichen Organisationen (Luhmann 1964), es ist aber zu erwarten, dass dieses ‚Erwartungsmanagement' spezifische Formen annimmt, die den Merkmalen der MO Rechnung tragen. Ein Ansatzpunkt sind hier Doppelkonstellationen der Repräsentation, wie sie bspw. bei der Vertretung in der UN zu sehen sind, wo die EU mit Beobachterstatus neben ihren Mitgliedern als Vollmitgliedern vertreten ist (Kerwer 2013, S. 46 f.).

Eine weitere Besonderheit gerät in den Blick, wenn die Auswirkungen eines Austritts von Mitgliedern näher betrachtet werden. Staaten können nach der Beendigung ihrer Mitgliedschaft nicht, wie bspw. Mitarbeiterinnen und Mitarbeiter eines Unternehmens, ihre zukünftigen Beziehungen zur Union ungeregelt lassen. Sie bewegen sich nicht auf einem Markt, auf dem ein Angebot vielfältiger Alternativorganisationen besteht. Stattdessen sind – wie auch in Art. 50 des EU-Vertrags antizipiert – Austritte weniger als vollständige Beendigung der Beziehungen, sondern vielmehr als deren Neuregelung zu betrachten. Zumindest der Aspekt geografischer Nähe macht es – ist eine staatliche MO erst einmal etabliert – nahezu unmöglich, sich nicht weiter zueinander zu verhalten.

Eine Weiterentwicklung der organisationswissenschaftlichen Analyse der EU und anderer staatlicher internationaler MO stellt unserer Ansicht nach eine vielversprechende Forschungsperspektive dar. Unsere Untersuchung soll als ein Aufriss dienen, das Potenzial dieser Herangehensweise anzuzeigen; und, so die Hoffnung, plausibel machen, warum es lohnen kann die EU *als Organisation* zu betrachten und zu verstehen.

Was Sie aus diesem *essential* mitnehmen können

- Sie haben eine genauere Vorstellung von den organisatorischen Funktionen und Folgen der EU.
- Sie sehen die strukturellen Besonderheiten einer Metaorganisation.
- Sie wissen um Hürden der Reformierbarkeit der EU, die sich mit ihrer besonderen Struktur erklären lassen.
- Sie verstehen, dass Steuerungsprobleme maßgeblich auch aus Autonomiekonflikten herrühren.

© Springer Fachmedien Wiesbaden GmbH 2017
M. Schütz und F.-R. Bull, *Unverstandene Union,* essentials,
DOI 10.1007/978-3-658-17149-0

Literatur

AEUV. (30. März 2010). Vertrag über die Arbeitsweise der Europäischen Union. *Amtsblatt der Europäischen Union, C 83/01.*

Ahrne, G., & Brunsson, N. (2001). Metaorganisationer – identitet och auktoritet. *Rapportserie, 6,* 10–11.

Ahrne, G., & Brunsson, N. (2005). Organizations and meta-organizations. *Scandinavian Journal of Management, 21,* 429–449.

Ahrne, G., & Brunsson, N. (2008). *Meta-organizations.* Cheltenham: Elgar.

Ahrne, G., & Brunsson, N. (2009). Internationale Metaorganisationen und ihre Mitglieder. In K. Dingwerth, D. Kerwer, & A. Nölke (Hrsg.), *Die organisierte Welt. Internationale Beziehungen und Organisationsforschung* (S. 41–59). Baden-Baden: Nomos.

Ahrne, G., & Brunsson, N. (2012). How much do meta-organizations affect their members? In M. Koch (Hrsg.), *Weltorganisationen* (S. 57–70). Wiesbaden: Springer VS.

Ahrne, G., Brunsson, N., & Kerwer, D. (2016). The paradox of organizing states: A meta-organization perspective on International organizations. *Journal of International Organizations Studies, 7,* 5–20.

Barnett, M., & Finnemore, M. (2004). *Rules for the world: international organizations in global politics.* Ithaca: Cornell University Press.

Beichelt, T. (2004). *Die Europäische Union nach der Osterweiterung.* Wiesbaden: VS Verlag.

Berkowitz, H., & Dumez, H. (2016). The concept of meta-organization: Issues for management studies. *European Management Review, 13,* 149–156.

Brunsson, N. (1989a). Administrative reforms as routines. *Scandinavian Journal of Management, 5,* 219–228.

Brunsson, N. (1989b). *The organization of hypocrisy: Talk, decisions, and actions in organizations.* New York: Wiley.

Brunsson, N., & Olsen, J. P. (1993). *The reforming organization.* London: Routledge.

Brunsson, N., & Sahlin-Andersson, K. (2000). Constructing organizations: The example of public sector reform. *Organization Studies, 21,* 721–746.

Brunsson, N. (2005). Reform als Routine. In G. Corsi, & E. Esposito (Hrsg.), *Reform und Innovation in einer unstabilen Gesellschaft* (S. 9–25). Stuttgart: Lucius & Lucius.

© Springer Fachmedien Wiesbaden GmbH 2017
M. Schütz und F.-R. Bull, *Unverstandene Union,* essentials,
DOI 10.1007/978-3-658-17149-0

Brunsson, N. (2006). Reforms, organization and hope. *Scandinavian Journal of Management, 22,* 253–255.

Brunsson, K., & Brunsson, N. (2015). *Beslutninger.* Oslo: Cappelen Damm.

Bull, F.-R. (2016). Die Funktionalität von Unsicherheit in Austrittsverfahren der EU – oder: Warum Artikel 50 tatsächlich „wunderbar formuliert" ist. sozialtheoristen.de.

Coleman, J. S. (1982). *The asymmetric society.* New York: Syracuse.

Corsi, G., & Esposito, E. (Hrsg.). (2005). *Reform und Innovation in einer unstabilen Gesellschaft.* Stuttgart: Lucius & Lucius.

Dingwerth, K., Kerwer, D., & Nölke, A. (Hrsg.). (2009). *Die organisierte Welt.* Internationale Beziehungen und Organisationsforschung. Baden-Baden: Nomos.

Dingwerth, K., Blauberger, M., & Schneider, C. (2011). *Postnationale Demokratie: Eine Einführung am Beispiel von EU, WTO und UNO.* Wiesbaden: VS Verlag.

Dörrenbächer, C., & Geppert, M. (2009). Micro-political games in the multinational corporation: The case of mandate change. *Management Revue, 4,* 373–391.

Europa-Archiv. (1987). *Zeittafel, Sach- und Personenverzeichnis.* Bonn: Verlag für Internationale Politik.

EUV. (30. März 2010). Vertrag über die Europäische Union. *Amtsblatt der Europäischen Union,* C 83/01.

Gehring, T. (2002). *Die Europäische Union als komplexe internationale Organisation. Wie durch Kommunikation und Entscheidung soziale Ordnung entsteht..* Baden-Baden: Nomos.

Groddeck, V. v., & Wilz, S. M. (2015). *Formalität und Informalität in Organisationen.* Wiesbaden: Springer VS.

Haller, M. (2009). Die europäische Integration als Elitenprojekt. *Aus Politik und Zeitgeschichte, 59*(23-24), 18–35.

Heintz, B. (2014). Die Unverzichtbarkeit von Anwesenheit. Zur weltgesellschaftlichen Bedeutung globaler Interaktionssysteme. *Zeitschrift für Soziologie (Sonderheft),* 229–250.

International Visegrad Fund. (2016). http://www.visegradgroup.eu/about. Zugegriffen: 19. Nov. 2016.

Kerwer, D. (2013). International organizations as meta-organizations. The case of the European Union. *Journal of International Organizations Studies (Special Issue), 4*(2), 40–52.

Koch, M. (2008). *Verselbständigungsprozesse internationaler Organisationen.* Wiesbaden: VS Verlag.

Koch, M. (Hrsg.). (2012). *Weltorganisationen.* Wiesbaden: VS Verlag.

Koch, M. (2014). Weltorganisationen. Ein (Re-)Konzeptualisierungsvorschlag für internationale Organisationen. *Zeitschrift für Internationale Beziehungen 21*(1), 5–38.

Kühl, S. (2011). *Organisationen. Eine sehr kurze Einführung.* Wiesbaden: VS Verlag.

Läufer, T. (2005). Verfassung der Europäischen Union. Verfassungsvertrag vom 29. Oktober 2004. Protokolle und Erklärungen zum Vertragswerk. Bonn: Bundeszentrale für politische Bildung.

Luhmann, N. (1964). *Funktionen und Folgen formaler Organisation.* Berlin: Duncker & Humblot.

Luhmann, N. (1966). *Recht und Automation in der öffentlichen Verwaltung. Eine verwaltungswissenschaftliche Untersuchung.* Berlin: Duncker & Humblot.

Luhmann, N. (1968). *Zweckbegriff und Systemrationalität. Über die Funktion von Zwecken in sozialen Systemen.* Tübingen: Mohr Siebeck.

Luhmann, N. (1971). Reform des öffentlichen Dienstes. Zum Problem ihrer Probleme. In Luhmann N. (Hrsg.), *Politische Planung. Aufsätze zur Soziologie von Politik und Verwaltung* (S. 203–256). Opladen: Westdeutscher Verlag.

Luhmann, N. (2002). *Die Politik der Gesellschaft* (Hgg. von A. Kieserling). Frankfurt a. M: Suhrkamp.

Luhmann, N. (2008). *Rechtssoziologie* (4. Aufl.). Wiesbaden: Beck.

Luhmann, N. (2011). *Organisation und Entscheidung* (3. Aufl.). Wiesbaden: VS Verlag.

Mayntz, R. (2014). Kooperationsprobleme in der Europäischen Union. *Leviathan, 42*(2), 292–304.

Murdoch, Z. (2015). Organization theory and the study of European Union institutions: Lessons and opportunities. *Organization Studies, 36,* 1675–1692.

Preisendörfer, P. (2016). Von Formalität hin zu mehr Informalität: Wandlungstendenzen der Außenbeziehungen von Organisationen zu Individuen in der modernen Gesellschaft. *Managementforschung, 26,* 41–62.

Radio Poland (2016) http://www.auslandsdienst.pl/3/21/Artykul/254522,V4-f%C3%BCCr-die-St%C3%A4rkung-der-NATOOstflanke. Zugegriffen: 5. Dez. 2016.

Schütz, M. (2016). Unverstandene Union: Über unlösbare Organisationsprobleme eines politischen Dachverbands. sozialtheoristen.de.

Steppacher, B. (2012). Beitrittskriterien (Kopenhagener Kriterien). In J. Bergmann (Hrsg.), *Handlexikon der Europäischen Union* (4. Aufl.). Baden-Baden: Nomos (u. a.).

Walgenbach, P. (1994). *Mittleres Management. Aufgaben – Funktionen – Arbeitsverhalten.* Wiesbaden: Gabler.

Walter, J. (2008). *Die Türkei – „Das Ding auf der Schwelle". (De-)Konstruktionen der Grenzen Europas.* Wiesbaden: VS Verlag.

Willner, R. (2011). Micro-politics: An underestimated field of qualitative research in political science. *German Policy Studies, 7*(3), 155–185.

Zeidler, F. (1990). *Der Austritt und Ausschluß von Mitgliedern aus den Sonderorganisationen der Vereinten Nationen.* Frankfurt a. M.: Lang.

Lesen Sie hier weiter

Marcel Schütz, Heinke Röpken

**Bachelor- und Master-
arbeiten verfassen**
Abschlussarbeiten in Organisationen

2016, XI, 44 S., 5 Abb.
Softcover: € 9,99
ISBN 978-3-658-12345-1

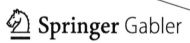